洹北商城

中商宫庙区
（王族）

F2

F1

14ADSK-L4

00GJW-L1

大司空村

...YTX-L1

池苑

晚商宫庙区
（王族）

河

04XTN-L1

87HYZX-L1

08ALN-L1

10ALN-L2

08AGD-G1

10ALN-G57

08ALN-G24

10ALN-L10

殷墟都邑イ

08ALN-H698

10ALN-H2456

07XAZ-G7
07XAZ-G2
07XAZ-G1

图イ

◎ 邑聚(晚商) ◎ イ

△ 铸铜作坊(晚商)

△ 铸铜作坊(中商)

⊙ 制陶作坊 ▦

▣ 制骨作坊

刘家庄

YINXU

中国社会科学院创新工程学术出版资助项目

发现殷墟丛书
FIND YINXU

丛书主编　陈星灿　唐际根

殷墟

九十年考古人与事（1928~2018）

A BRIEF HISTORY OF THE
EXCAVATIONS AT YINXU（1928-2018）

| 主编　唐际根　巩　文

社会科学文献出版社
SOCIAL SCIENCES ACADEMIC PRESS (CHINA)

殷墟王陵区

洹

候家庄

04AGCK-G1
06ZY-G1
98ABD-G1

58XTX-L1
池苑
晚商宫庙区
（王族）

04XTN-L1
87HYZX-L1

97ABD-G1
殷墟干渠

08ALN-L1
08AGD-G1

10ALN-L2
10ALN-G57

97H56
97H16

梅园庄
06ALN-H1
08ALN-G24
08ALN-L10
08ALN-H698
10ALN-H2456
07X
07X
07XA

刘家庄

发现殷墟丛书

序　一

到 2018 年的 10 月 13 日，殷墟发掘已经满 90 周年了。

殷墟的田野考古工作，从 1928 年秋天开始，到 1937 年日本发动全面侵华战争结束，中央研究院历史语言研究所在以小屯为中心的洹河两岸共 11 处遗址做了 15 次发掘工作。虽然前后只有短短的 9 年时间（1930 年因故停工一年），但是在小屯发现殷商王朝的宫殿区，在侯家庄西北冈发现规模巨大的殷商王陵，把中国的信史推到 3000 多年以前，把商文明在文化、科学和艺术上所能达到的高度也展示到世人面前。后冈的发掘，不仅发现了殷商文化在上，龙山文化居中，仰韶文化在下的地层叠压关系，即所谓的"后冈三叠层"，还肯定了龙山文化是"豫北殷文化的直接前驱"，初步廓清了商文化与中国新石器时代文化的渊源关系，殷墟成为追寻中国文明起源的一个起点。

殷墟还是中国考古学的发源地。中国第一代田野考古学家，多半都是在殷墟成长起来的。选择殷墟作为中国国家考古研究机构的第一个发掘地，建立工作站并且持之以恒地长期工作，不仅形成了中国考古学的历史学传统，也在理论、方法和技术上塑造了中国考古学。毫不夸张地说，中国考古学至今仍带有浓重的殷墟考古的色彩。殷墟考古还为初生的中国考古学赢得了广泛的国际声誉。

1950 年，新中国成立伊始，百废待兴，殷墟的发掘工作便恢复了。如果把这 68 年的工作算作殷墟考古的第二个阶段，除了"文革"期间有短暂的中断之外，近 70 年来，以中国社会科学院考古研究所（1977 年前属中国科学院）为主导的殷墟考古，又发展到一个新的更高的阶段，取得喜人的成绩。殷墟考古的时空范围空前扩大，在小屯周围方圆 36 平方公里的范围内，都有不少重要的发现。建立在陶器类型学基础上的殷墟文化分期日臻完备，殷墟考古的时空框架得以建立。在小屯西北地发现没有经过盗掘的武丁配偶——妇好之墓，这是殷墟考古史上唯一一座可以确定墓主和墓葬年代的商代王室墓。1973 年，在小屯南地发现 5041 片刻字甲骨，这是继 1936 年在小屯北地发现 YH127 坑，获得 17096 片刻字甲骨之后有关甲骨的最重要的一次科学考古发现，极大地丰富了甲骨卜辞的研究内容。

在多个不同地点发现了一系列铸铜作坊和制骨、制玉遗址。世纪之交，于洹河流域系统调查的基础上，在洹河北岸发现了传统意义上的殷墟之前的洹北商城遗址，把商王定都殷墟的历史前推到中商时期。以器物为中心的考古调查和发掘，最终转向以探讨殷墟范围和布局为中心的社会考古学研究。不仅发现了大量的居址和数以万计的墓葬，还发现了道路网和水利系统，肯定了商人聚族而居、聚族而葬的聚落模式。多学科合作传统得以延续，人骨研究、动物考古、植物考古、冶金考古、陶器分析、DNA 和同位素分析等等，为我们了解商代的人类和社会，特别是农业、手工业、商业和贸易以及与周围诸多方国文化的关系，提供了全新的材料和观察视角。1961 年，殷墟成为国务院公布的第一批全国重点文物保护单位。进入 21 世纪以来，殷墟又相继被列入联合国教科文组织公布的世界文化遗产名录和首批国家考古遗址公园名单。

在某种程度上，我们也许可以说，90 年来的殷墟考古就是中国近代考古学发展的一个缩影。

经过几代人持续不断的艰苦努力，考古工作者几乎调查和发掘到殷墟的每一个角落，我们对这座商代中晚期都城和商文明的了解，应该说达到了前所未有的高度。但是，我们也得承认，还有很多秘密，或者仍深埋在地下，或者因为自然和人为的破坏，已经永远地消失了。值此殷墟发掘 90 周年纪念之际，考古所安阳工作队的同志们，回顾殷墟发掘的历史，又精选出 1950 年以来特别是最近二三十年来科学发掘出土的青铜器、玉器、陶器、骨角牙蚌器等等，出版相关图录，从现代考古学的视角，向学术界提供准确可靠的实物资料。殷墟出土的青铜器、玉器，过去已经由中国社会科学院考古研究所编辑出版过《殷墟青铜器》（1985）、《殷墟新出土青铜器》（2008）和《殷墟玉器》（1981）、《安阳殷墟出土玉器》（2005）等图录，但是以全形拓的形式大量展示殷墟科学发掘的青铜器，这还是第一次；陶器方面，除了李济先生早年出版过一本包括许多线图和照片的《殷墟陶器图录》（1947）外，迄今尚未出版过一本严格意义上的殷墟陶器图录；骨角牙蚌器虽出土不少，但也从来没有以图录的形式展示过。公布考古调查和发掘资料，一般采取考古简报和考古报告的形式，殷墟考古已经出版了数十部（篇）调查发掘报告和简报，做出了很好的表率，但是还有很多考古简报、报告等待编写或出版。以图录的形式发表殷墟的青铜器、玉器、陶器和骨角牙蚌器等科学发掘标本，不仅可以弥补考古发掘报告的不足，满足学术界同仁从细部观察殷墟出土遗物的需要，也可以促使发掘者尽早公布更加完整的考古发掘资料，进而促进学术研究的进步。

在殷墟发掘 90 周年来临之际，发现殷墟丛书陆续编辑出版，这是殷墟近百年考古发掘和文物保护的历史记忆和见证，也是几代考古学家前赴后继砥砺前行的纪念和记录，是一件特别值得高兴的事情。发现殷墟系列图书出版在即，抚今追昔，说一点心里的话，以表达喜悦和祝贺之意。

陈星灿

2018 年 7 月 19 日

序　二

由于殷墟对于中国考古学史有着重要意义，每逢整年齐庆典，考古学界都要相聚志庆。殷墟发掘六十周年（1988 年）、七十周年（1998 年）、八十周年（2008 年）时，两岸学者都曾以学术会议的形式纪念。2018 年的 10 月，殷墟迎来 90 周年发掘纪念日，作为长期专门从事殷墟发掘和研究的单位，我们以何种方式来纪念呢？

2016~2017 年，我们反复商议，决定编辑发现殷墟丛书，希望通过编辑丛书的方式来表达我们对殷墟喜庆之日的祝贺，同时也希望通过出版丛书，对殷墟的工作有所总结。

编撰丛书的方式得到中国社会科学院考古研究所的热情支持。2017 年，在社会科学文献出版社周丽编审的热情支持下，我们专门向中国社会科学院科研局申请专项出版经费，并获得通过。

按照我们的计划，丛书中必须包括一部能综合记录殷墟 90 年发掘的人物和事件的作品。殷墟发掘始自 1928 年，2018 年正好是殷墟科学发掘 90 周年。殷墟的发掘进程与整个中国考古事业所伴随的政治形势、文化形势、经济形势密切相关，呈现出明显的阶段性。

1928~1937 年的殷墟发掘早期十年，是中国考古学的奠基阶段。这一阶段，现代田野考古学通过殷墟发掘在中国扎根。李济、梁思永、董作宾等中国考古学先驱，不仅发掘了商代宫殿建筑、王陵大墓，还在发掘方法、地层划分、器物整理、甲骨分期等方面做出了卓有成效的探索。

1950 恢复发掘后，直至 20 世纪 90 年代中期，殷墟的考古工作进入特殊历史时期。学术界习惯于用这阶段的考古材料来解释历史，尤其是解释奴隶制时代中国的社会面貌。尽管如此，该阶段还是取得了殷墟文化分期等重大学术成果。

20 世纪 90 年代中期以后，中国社会更加开放。殷墟的考古工作适应这种新形势，自觉融入了全球考古学的发展潮流中。环境、布局、社会组织、城市人口等科学问题被提上日程。区域调查、锶同位素、岩相学、实验考古等多种手段得以应用于科研。更重要的是，殷墟遗址作为人类重要的文化遗产，如何保护、利用,惠及社会和服务公众受到前所未有的重视。2006年殷墟列入世界文化遗产名录,是这一阶段最重要的标志。

鉴于这一缘由,我们首先将《殷墟九十年考古人与事》作为发现殷墟丛书的第一部定下来。

按照我们最初的设想,除了编撰一部《殷墟九十年考古人与事》之外,还希望编撰《殷墟九十年考古经典资料》和《殷墟九十年考古经典论文》。前者试图涵盖1928年殷墟发掘以来最重要的考古发现的简报和报告摘要,后者试图涵盖1928年以来学术界对殷墟研究、商代考古研究产生过决定性影响的学术论文。殷墟发掘的历史上,宫殿宗庙基址的发现、王陵大墓的发现、妇好墓的发现、洹北商城的发现,都是不能忘记的重要考古成果。同样,梁思永关于"后冈三叠层"的论文、董作宾关于殷墟甲骨分期的论文（甲骨断代研究）、邹衡和郑振香关于"殷墟文化分期"的论文,以及近年安阳队同仁们殷墟布局的论文也都应当载入其中。

然而丛书编撰过程远没有计划之中顺利。宏大的计划与有限的时间,迫使我们延后了编撰《殷墟九十年考古经典资料》和《殷墟九十年考古经典论文》的工作。好在通过大家的努力,我们最终完成了以下五部图书:

《殷墟九十年考古人与事》（唐际根等主编）

《殷墟出土陶器》（牛世山等主编）

《殷墟青铜器全形拓精粹》（岳洪彬等主编）

《殷墟出土骨角牙蚌器》（何毓灵等主编）

《殷墟出土玉器新编》（唐际根等主编）

这五部书中,《殷墟九十年考古人与事》意在以殷墟发掘历史上的事件与人物为中心,对殷墟发掘历史的全程作出评价。其他四部,编撰《殷墟出土陶器》一书,显然是考虑到殷墟陶器独特的重要性。毕竟殷墟陶器分期早已成为中国各地商代遗址的断代分期标尺。《殷墟青铜器全形拓精粹》的特殊性在于传统拓片技术本身的价值。而《殷墟出土骨角牙蚌器》一书可补殷墟各种图录对骨角牙蚌器的忽视。至于《殷墟出土玉器新编》一书,其不同于以往之处,在于它注重通过殷墟玉器的料、工、形、沁对殷墟玉器溯源。

唐际根

2018 年 7 月 30 日

目录

CONTENTS

发展：考古与世界同行（1996~2018）

附录：

后 记

前　言

殷墟是甲骨文的故乡。

殷墟是商王朝后期都邑。

殷墟代表鼎盛时期的青铜时代中国。

1928 年 10 月，董作宾受中央研究院历史语言研究所委派来到安阳，对殷墟遗址实施了首次田野发掘。随后的十年间，李济、梁思永、石璋如、尹达、高去寻、夏鼐、郭宝钧等先后工作在小屯村及其附近的田间地头，使一门全新的学问在中国落地生根。

由于殷墟发掘，司马迁的《史记·殷本纪》成为信史。人们首次能够将刻写在龟甲兽骨上的古文字与大量的陶器、铜器、玉器、房基和古墓相联系，三千年前的王陵和宫殿，方得重现人间。

由于殷墟发掘，比商王朝更早的龙山文化、仰韶文化序列得以确立，扑朔迷离的中国古史获得了"由此前推"的已知基础。

殷墟的田野考古实践，不仅促成了考古地层学技术的成熟，探索了器物整理的形态分类方法，也催生了首张田野考古的"发掘执照"。

1928~1937 年的殷墟发掘，从田野资料和古史知识方面为中国考古学的发展奠定了基础，也从人才、技术和组织管理方面为中国考古学的进一步发展作好了准备。这十年的殷墟发掘，于是成为中国考古学的起点。

抗日战争和解放战争期间，官方主导的殷墟发掘陷于停顿，但中华人民共和国成立后立即重新启动了殷墟发掘。此后的殷墟发掘，除"文革"期间短暂停顿外，基本年复一年，直到今天。安志敏、马得志、周永珍、高广仁、郑振香、陈志达、杨锡璋、杨宝成、刘一曼等一代又一代考古学家为之付出辛勤汗水。

这期间，殷墟的考古工作与中国的政治、经济形势紧密相联。1950~1970 年，殷墟考古成果被用来直接参与中国考古史分期大讨论，成为"商王朝奴隶社会说"的关键证据。20 世纪 80 年代以后，中国经济开始复苏，殷墟考古逐渐被"基本建设"左右，到 90 年代中期，基本建设考古达到高潮，并延至今日。回想起来，1950~1990 年殷墟的考古工作，最值得称道的是"殷墟文化分期"的问题得以解决。

20 世纪 90 年代中期，殷墟的田野考古工作进入新的发展阶段。

洹北商城的发现，殷墟分期的精细化和建立在分期基础上的布局研究，标志着殷墟田野考古工作在发现和研究上取得了新突破。区域考古调查的实施，人骨锶同位素技术，陶器岩相学技术和制陶、制骨实验考古工作的开展，意味着殷墟的考古工作在技术和方法上重新与世界同步。2006 年殷墟申报世界文化遗产获得成功，2009 年中国文字博物馆建成，以及 2012 年殷墟进入首批国家考古遗址公园，这些都标志着殷墟在管理、保护和利用方面也达到新的水平。

殷墟作为中国考古学的起点，以及起步之后的每一项发掘成就、每一次思想收获和每一项技术进步，都是由人奉献和完成的。其中包括来自历史语言研究所、中国（社会）科学院考古研究所的学者，也包括安阳当地政府和当地的学者。20 世纪 80 年代中期以后，安阳当地学者在殷墟外围研究方面做出了重大贡献。殷墟的保护工作，更离不开国家文物局、河南省文物局以及安阳市当地政府。殷墟的研究、保护和利用，准确地说是政府与考古部门共同努力的结果。

唐际根

2018 年 7 月 30 日

历史的选择（1899~1928）

1. 甲骨遇上考古

殷墟最早为世人所知，是因为甲骨文。

河南安阳小屯村，是明朝年间建起的一个居民点。起初只有数户人家，至清末时人口增长到数十户。人们在附近土地耕种时，常常从自家的庄稼地中翻出刻有符号的龟甲或兽骨。这些龟甲或兽骨后来被当作药材卖至中药铺。

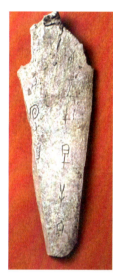

小屯村出土的刻辞甲骨残片

20世纪20年代洹河流经小屯村北景象

王懿荣

罗振玉

王国维

1899年，大清国子监祭酒王懿荣偶然从中药铺中获得此种"药材"，辨识出这些龟甲或兽骨上的刻划符号是古文字。

由于贩卖甲骨有暴利可图，古董商人便把甲骨的出土地点隐瞒起来。1908年，清末学者罗振玉派人细心查访，始知甲骨出土于"滨洹之小屯"。因此，殷墟遗址第一次被学术界所知，是王懿荣首次发现甲骨文十余年以后的事。罗振玉所著《殷商贞卜文字考》曾述及此事。

1917年，著名学者王国维通过对甲骨卜辞的考释，撰成《殷卜辞所见先公先王考》和《殷卜辞所见先公先王续考》两文。从甲骨卜辞中成功辑出商王朝历代国王的世系，并与《史记·殷本纪》相对照，以地下出土甲骨文确认了《史纪·殷本纪》所载商王朝的真实性。同时也由此确认殷墟是商后期都邑。古老的商王朝，有了栩栩如生的实物见证。

殷墟的发掘，有着深刻的历史背景。

中国本土固有的金石学传统；19 世纪以来特别是 20 世纪初西方人士在中国的考古活动和与之相伴的 20 世纪以来西方考古学知识在中国的传递；1919 年五四运动对科学、民主价值的传递；20 世纪初中国史学界疑古派崛起所导致的对"重建上古史"的呼唤，是田野考古学进入中国的四大推手。

甲骨文是新获的上古文字资料，与中国本土固有的金石学传统高度契合，问世之后立即受到中国传统学人的重视。当刻辞甲骨被确认出自安阳小屯村之后，去殷墟挖甲骨之声随之鹊起。

19 世纪末 20 世纪初，刚刚起步的西方田野考古学知识，也随着传教士、探险家和部分学者的步伐传到了中国。大批西方人进入中国从事考古活动。较早的如英国人印度加尔各答博物馆馆长约翰·安德森（John Anderson）在云南、四川（1860），瑞典人斯文·赫定（Sven Hedin）在新疆（1890、1894~1896、1898、1900~1901），明义士（James Mellon Menzies）在安阳（1914~1917），英籍匈牙利人斯坦因（M. A. Stein）在新疆和甘肃（1900~1914），日本人鸟居龙藏在辽东（始于 1895 年），关野雄在山东（1902、1907）等。

此外还有个别中国学者代表西方学术机构的考古活动，如李济在山西夏县西阴村的发掘。这些考古活动，同样为现代考古学在中国的诞生起到推动作用。

20 世纪初，中国史学酝酿深刻变革。傅斯年等中国史学家受德国法兰克福学派影响，从论史变为高度重视史料的重要性。历史学家傅斯年明确提出"史学即史料学"，认为历史学的根本任务是发现新史料。

20 世纪的最初十年，章太炎、梁启超，留学生汪宝荣、李浩生也通过在杂志上撰文介绍西方考古学知识。李济、梁思永则先后来到美国，直接进入哈佛大学学习人类学和考古学课程。其中，梁思永师从美国著名考古学家 Kidder，不仅参加过 Kidder 主持的考古课堂讨论（Seminar），而且跟随 Kidder 到美国西南部参加考古实习[1]。李、梁回国后，为考古学在中国的诞生提供了最重要的人才条件。

20 世纪 20 年代初，在新文化运动的大气候下，史学界兴起"古史辩"的思潮，即对以前的古史进行追问。顾颉刚提出中国的古史是"层累地造成的"，"三皇五帝"所代表的传统历史观被彻底动摇[2]。在旧的史学观被打破的情况下，中国上古史是否有希望重建？又怎样重建？20 世纪初的学界人士不得不思考这样的问题。正是由于形成了这样一个氛围，在历史学领域展开的古史辨运动"为中国考古学的发生和发展准备了条件"。

1919 年的五四运动，适逢其时地将民主与科学理念带到了中国，从而为现代西方田野考古学在中国诞生创造了条件[3]。1924 年，古史辩派的代表人物李玄伯、顾颉刚均表示，考古学是古史问题的唯一解决办法。

殷墟甲骨遇上西方现代田野考古，促成了殷墟发掘。这是历史的选择。

最先接触殷墟甲骨的是金石学家。若无金石学的存在，中国考古学的首选发掘地或许会是别的地点。然而自北宋以来，金石学的关注核心一直是金石文字。虽然殷墟的发掘起因于刻辞甲骨的发现，但金石学并未给殷墟发掘提供任何科学的田野作业方法。

殷墟早期发掘有三个特点：一是发掘由中国官方学术机构组织；二是发掘主持人是受过现代西方田野考古学训练的中国学者，如李济、梁思永等；三是整个发掘工作前后持续十年，是基本连贯的发掘行为，它不同于西方人士在中国境内的零星活动，而是由中国学术界主导的，由掌握现代考古学方法的中国学者主持的自觉考古工作。它标志着现代田野考古学在中国落地生根。

张光直曾有一个著名假设：如果中国考古学家最早发掘的不是安阳殷

墟，而是其他地点的一处史前遗址，中国考古学会是什么面貌？

作为持续使用了二百余年的商王朝后期都邑，安阳地下埋藏着丰富的商遗存。殷墟的发掘，为 20 世纪初的中国历史学瞬间积累了大量新材料，并由此引发中国史学的深刻革命。

殷墟作为商王朝后期都邑，使得新添加的考古材料和由此引发的学术问题仍然带有传统史学的某些特点，因而也使得中国考古学一开始便具有"重史倾向"。

安阳是中国考古研究的起点和商代历史研究的支柱。所以说中国考古学是从研究商王朝历史出发，从安阳出发。

注释：

［1］1995 年，作者访问哈佛大学时，曾有幸查阅过李济、梁思永当年在美国留学的档案记录，其中有梁思永的选课记录。

［2］20 世纪初史学著作多将传说时代当作历史内容对待。例如 1923 年由商务印书馆出版的吕思勉《白话本国史》，即以"三皇五帝""三王时代"为纲撰写国史。

［3］夏鼐：《五四运动和中国近代考古学的兴起》，《考古》1973 年第 5 期。

2. 殷墟发掘极简史

1899 年，金石学家王懿荣首次获得刻辞甲骨。他推论这些甲骨刻辞可能是商代文字。

1908 年，古文字学家罗振玉派人寻查，确认这些刻辞甲骨实为安阳小屯村所出。

1928 年，是殷墟科学发掘的元年。该年中华民国中央研究院在历史语言研究所（简称史语所）下成立考古组，并派学者董作宾前来安阳小屯村，揭开了殷墟发掘的序幕。随后李济、梁思永等中国第一代考古学家前来安阳主持工作。

1928~1937 年十年间，史语所在殷墟展开了共 15 次发掘，获得大量甲骨卜辞、青铜器等文物，还在小屯村北揭露出商代宫殿宗庙基址，在侯家庄西北山冈发掘商代王陵大墓。

1937~1949 年，因战争原因殷墟考古发掘被迫中止。

1950 年 4~6 月，郭宝钧到殷墟主持发掘了西北冈王陵区的武官大墓和祭祀坑，同时在洹河以南的五道沟西南岸、万金渠两岸及花园庄西北地发掘。

1953 年 3~12 月，中国科学院考古研究所在大司空村东南地组织三次发掘，其中大司空村东南地的发掘持续到 1954 年。

1955 年 8~10 月，河南省文化局文物工作队在小屯村东南地、薛家庄南地和北地发掘。

1958 年春，中国科学院组建"考古研究所安阳工作队"，并在殷墟选择多地试掘，试图对殷墟遗址进行一次轮廓性了解。

1959 年春,中国科学院考古研究所在安阳小屯村西设立"安阳工作站"。

1961 年 3 月，殷墟列入第一批全国重点文物保护单位。

1962~1964 年，工作队一面在苗圃北地、大司空村东南地发掘，一面组织洹河流域考古调查，并有选择地试掘了调查所获的部分遗址。

1967~1968 年，殷墟发掘因"文革"暂停。

1969 年春恢复了殷墟的发掘活动。随后在小屯村、孝民屯、武官村、白家坟、后冈、北辛庄、铁路苗圃、三家庄、大司空村、刘家庄、郭家庄、洹南花园庄等地发掘。

1973 年发掘小屯村南地甲骨。

1976 年发现保存完好的妇好墓。

1990 年发掘小屯村东北地建筑基址。

1991 年发现花园庄东地甲骨坑。

1997~1999 年沿洹河流域开展为期 3 年的"区域考古调查"。

1997~1999 年在白家坟东地配合黑河路建设展开长达 1200 米的沿路考古发掘。

1999 年发现洹北商城。

2000~2002 年洹北商城一号基址发掘。

2007 年解剖洹北商城宫城，并发掘洹北商城内二号建筑基址。

2000~2001 年对小屯村附近、花园庄村东进行考古发掘。

2004 年对小屯村北殷墟宫殿宗庙区进行系统钻探。

2003~2004 年对殷墟西部孝民屯村及其附近大面积发掘。

2004 年在殷墟东部今豫北纱厂范围内大面积发掘。

2004~2010 年在安阳钢铁公司厂区内配合基本建设发掘。

2006 年殷墟列入世界文化遗产名录。

2006~2012 年在殷墟南"同乐北区"以及沿安钢大道北侧一线发掘。

2012 年编制殷墟保护总体规划。

2013~2017 年，在洹北商城内主动发掘手工业作坊，同时在刘家庄、大司空村、苗圃北地等地点开展基本建设考古。

2017 年殷墟编制考古遗址公园规划。

奠基……最初十年（1928~1937）

1. 安阳首秀

　　中国自古即有收藏古物的传统，至北宋时达到高潮，形成金石之学。清代金石学发展到鼎盛时期，许多学者以铜器铭文、墓志、封泥、简牍为依据，考证史籍、解释经义。这种将收藏、鉴赏和考据融入学术研究的传统，为近代考古学扎根中国提供了丰腴的土壤。然而，金石学并不同于现代田野考古学。

　　1928年，中央研究院历史语言研究所成立。

民国十七年（1928）十月十二日，安阳县政府派科员，协同董作宾等赴小屯村筹措工作事宜，此为散会后之合照。右三董作宾，右四郭宝钧，右六赵芝庭，左二李春昱，其余为工人。

在史语所主持工作的傅斯年坚持"史学即史料学"的理念，提出"上穷碧落下黄泉，动手动脚找东西"的口号，开始筹划具体的殷墟发掘行动。

1928年10月，中央研究院历史语言研究所派董作宾专程前往殷墟调查，开启了中国学术机构自行组织并独立完成田野考古的历史。

殷墟的发掘，是中国传统金石学与西方田野考古学方法相结合的产物，标志着中国近代考古学的诞生。

董作宾初到安阳，直奔彰德十一中学拜访校长张尚德。他们相谈甚欢，并约好次日去小屯村踏访。董作宾又来到东钟楼巷的遵古斋，向店掌柜王嘉瑞求教。在这里不仅了解到了有关小屯出土甲骨文的情况，也认识了被董作宾称为"真正的天才"的河北人蓝葆光，他以刻伪片而闻名彰德。董作宾看过蓝葆光的"大作"，由于他根本不懂甲骨文例，所刻卜辞简直是牛头不对马嘴。第二天，由一个向导陪伴，董作宾亲到小屯村访问。到了小屯村，他听村里人七嘴八舌地讲了二三十年来挖宝的情况，有村民突然掏出欲出售的小块有字甲骨，董作宾眼睛一亮，手往袋里一伸，再往前一递，马上便用三个银元换了一百来块甲骨。村民告诉他说，过去古董商到村里收购时不要这些小碎片，于是他们捡起来存放在家里，所以当时村子里几乎每家都保存着一些"字骨头"。随后他又独自沿着洹河西去，走了一会儿，他看见地上有白点子，低下头将其抠了出来，竟是一块刻字甲骨！一路上，他竟得到大大小小十几片甲骨，当然，都是些残片，上面的字不多。

经过实地勘探，董作宾认为殷墟甲骨并未挖尽，史语所遂开始在殷墟发掘甲骨及其他遗物、遗迹。在小屯村，董作宾还被告知，除了古董商的大肆收集，外国人也对甲骨文特别垂青。为了发财，村民们大都投入其中。村上有个地主叫朱坤的，就组织了一个庞大的挖宝队，他让雇来的青年农民住在地里临时搭建的帐篷里，垒上炉子，支起大锅，正儿八经地干了起来。

1928 年 10 月，殷墟第一次发掘开工，全体工作人员合影。前排左一董作宾，左三何国栋；后排右起：赵芝庭、王湘、张锡晋、郭宝钧；王湘前立者张守魁；其他为工人及驻军

一见此景，邻家也不示弱，也雇人干起来。这下主人一招呼，双方拉起架子，竟要决一死战。后来，还闹到了官府。县官下令，谁也不得再挖宝贝，这才偃旗息鼓。

董作宾回到广州，汇报了在安阳的考察情况，立即得到蔡元培院长的重视。没有几天，董作宾带着 500 元大洋的发掘费再次来到安阳，地方还派来保安护佑，中国文物考古史上首次独立进行的，对殷墟的科学发掘拉开了序幕，这一天是 1928 年 10 月 13 日。

1929 年春，李济被聘任到史语所任第三组（考古及人类学）主任。旋即被派往安阳殷墟主持殷墟发掘。

1929 年李济亲自主持的殷墟发掘与第一次相比有明显变化。首先表现在此次发掘不再以寻找甲骨为主要目标，陶器、兽骨、铜器等作为标本受到同等重视。正如傅斯年所说："近代的考古学更有其他重大之问题，不专注意于文字、彝器之端。"

田野作业时，使用探坑法发掘。每坑3米×1.5米，都给出坑名。1929年下半年发掘时，李济还请张蔚然测量了较详细的殷墟地形图。这一切，都表现出发掘者对出土物空间位置的重视。不过在发掘地层操作上，李济沿用了他在山西西阴村的水平地层发掘法。

指导思想和发掘技术的变化，标志着1929年的殷墟发掘完全脱离金石学范畴，走向现代田野考古学之路。

 民国十七年（1928）秋，殷墟第一次发掘，工作人员及军队共进午餐，右起第四位为张锡晋，其左为董作宾

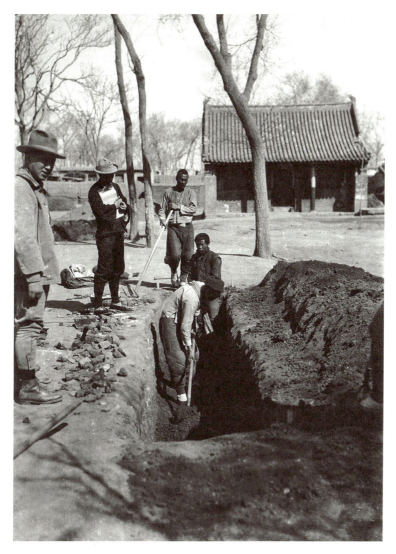

民国十八年（1929）春，殷墟第二次发掘，马王庙南"斜中北"发掘坑全景，左前戴帽者为李济

民国十八年（1929）春，3月16日，殷墟第二次发掘，李济、董作宾在发掘现场

2. 大龟四版与大龟七版

1929 年 10 月，李济主持了殷墟历史上的第三次发掘。参加者有董作宾、董光忠、张蔚然、王湘等。

发掘在小屯村北和西北两处，采用开纵横探沟的方法以了解地层情况。共发现墓葬 24 座，灰坑 11 个，出土甲骨文 3012 片，大量青铜器、石器、陶器、骨器等。这次发掘中，最重要的事件是发现了著名的"大龟四版"和牛头刻辞、鹿头刻辞。

大龟四版即四块保存基本完整的刻辞龟甲，出自一个被称为"大连坑"的灰坑中。此四块龟甲刻辞多、内容重要。董作宾从其上发现了"贞人"（即"卜问的人"），并据此写出了著名的《大龟四版考释》一文，首次从中摸索到甲骨文断代的新方法。

继"大龟四版"之后，还发现过"大龟七版"。大龟七版是 1934 年 3 月殷墟第九次发掘期间发现的。其时，董作宾获悉侯家庄村民侯新文在侯家庄村南地掘得甲骨，去古董商店"求善价而沽之"。于是停止在小屯村北的发掘，率全体工作人员于 4 月 2 日到侯家庄南地分东西两组，开南北向探沟两个。

董作宾在侯家庄南地发掘，得甲骨 42 片（其中 26 片是从农民手中购得），著名的"大龟七版"（龟腹甲 6、背甲 1），满版皆为文字，为廪辛、康丁时期占卜记录。这是小屯村外又一甲骨出土处，同一地点还发现殷代建筑基址、窖穴和墓葬等遗迹。事后，董作宾据此写成《安阳侯家庄出土之甲骨文字》一文。

1929 年 12 月，雪后的"大连坑"，左前立者张蔚然，后排右一张东元

1

3

2

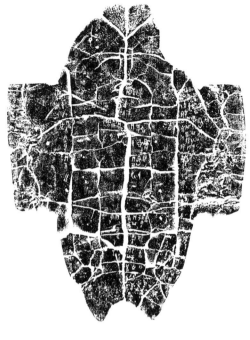

4

5

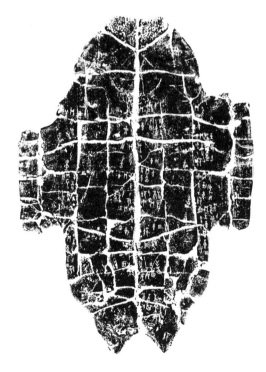

6

7

"大龟七版"拓片

3. 宫殿与王陵

殷墟早期发掘最重要的考古成果，便是宫殿宗庙基址的发掘和王陵大墓的发现。

宫殿宗庙基址

1931 年秋殷墟第五次发掘确认小屯村北分布有建筑基址。

1932 年春殷墟第六次发掘，同年秋第 7 次发掘，以及 1933 年秋第八次发掘时，发掘团均将小屯村北的商代建筑基址作为发掘重点。1934~1935 年侯家庄西北冈王陵大墓发掘结束后，发掘团再次回到小屯村北揭露建筑基址。1936~1937 年的第十三、十四、十五次发掘，均采用大面积揭露的发掘方法，至 1937 年日军侵华，殷墟共清理出建筑基址 50 余处。仅 1937 年 3~6 月第十五次发掘，便清理出夯土基址 20 余座，窖穴 200 余处，以及诸多地下水沟遗迹。

王陵大墓

殷墟王陵区位于洹水北岸的侯家庄西北冈一带。对殷墟王陵区的发掘工作由梁思永先生主持，属殷墟的第十、十一、十二次发掘。

王陵区分西、东两区。其中西区发现带四条墓道的大墓 7 座（编号分别为 M1001，M1002，M1003，M1004，M1217、M1500、M1550），未完成的大墓 1 座（M1567）。东区发现带四条墓道的大墓 1 座（M1400），带两条墓道的大墓 2 座（M1443、M1129）。其中 M1001、M1004、M1217 出土文物较丰富。

M1001：墓室为"亞"字形，殉人及人牲多达 225 人。该墓被盗严重，但劫余随葬品仍然丰富。出土了青铜礼器、玉石器、白陶及金叶等大量制作极为精美的随葬品。

M1004：墓室为"亞"字形，虽然被盗掘，但南墓道与墓室相接处出土了两件大鼎，即牛方鼎、鹿方鼎，器型厚重，纹饰精美。

M1217：墓室平面呈"亞"字形，总面积达 1803 平方米，是王陵遗址规模最大、墓道最长的大墓。该墓曾经被盗，劫余的随葬品有鱼皮鼓、石磬以及鼓架和磬架等乐器。

民国二十一年（1932）春，4 月 4 日，殷墟第六次发掘，甲四基址东面的一行础石，左前起：刘屿霞、石璋如、王湘、吴金鼎、董作宾、马元材、李光宇

民国二十三年（1934）秋，西北冈第一次发掘，刘燿及工人

民国二十四年（1935）5月9日，西北冈第二次发掘，HPKM1004号大墓中牛鼎、鹿鼎、
石磬出土清理情形，中坐持笔记本者为胡厚宣

民国二十四年（1935）秋，西北冈第三次发掘，HPKM1217 号大墓发掘场景

4. 王朝档案 YH127

YH127 是 1936 年安阳殷墟发现的一处甲骨储藏坑的编号。

1936 年 6 月 12 日，第 13 次殷墟发掘即将结束，考古队员意外发现此坑甲骨。发现之时，李济、董作宾、梁思永均未在现场，队员潘悫致信描述说："新获龟甲之完整，诚自有甲骨文发现以来未尝有也。且为数之多，殆无法估计。……同人日夜工作，石（璋如）、李（景聃）、王（湘）、高（去寻）四君已两夜未睡。夜即坐守坑边，毫无倦怠，精神上至为兴奋。生虽未能参加工作，然亦过度狂喜，竟亦两夜未眠矣。"

因龟甲数量巨大，学者们决意将此坑甲骨整体打包，"搬运"到南京室内发掘。

发掘者王湘和石璋如等人商量后，把甲骨坑形成的灰土柱整体套装在一个大木箱中，然后取出运走。搬运时，李济亲自从南京赶到安阳。

套箱重达 5 吨。当时安阳既没有汽车也没有起重设备。当地人参照袁世凯出殡时的棚杠队，组织 64 名青壮小伙儿，用木杠肩挑背扛。整整折腾了两天才把套箱运到了火车站。然后通过火车将其运至南京，安放在史语所的图书馆大厅。这种整坑套取的方法，开了今天"实验室考古"的先河。

随后，胡厚宣和董作宾带着几位技工细细地清理、剔剥、绘图、编号。数月时间，从 YH127 坑中清理出完整龟甲 300 版。最大的一块龟甲竟有 40 厘米！进一步的清理表明，YH127 坑中出土刻字龟甲 1.7 万片。这些龟甲记录了商王武丁时期有关祭祀、田猎、农业、天文、军事等内容。

这是殷墟历次科学发掘以来出土甲骨最多的一次，为甲骨文和殷商史研究提供了十分宝贵的材料，被称为中国古代最早的"档案库"。

民国二十五年（1936）春，YH127 由外而内发掘，去除坑外土，装上箱底并整理边缘

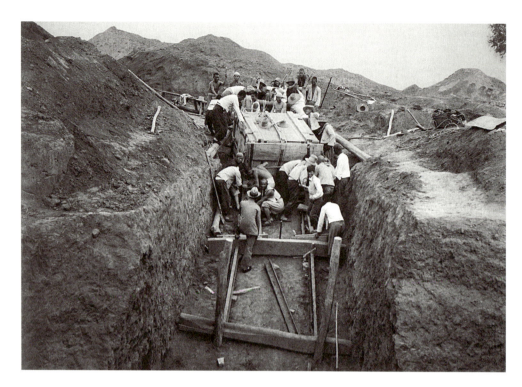

民国二十五年（1936）春，甲骨装箱后外情形，前方戴帽监工者石璋如

YH127 于南京室内发掘情形，左起：徐禄、魏善臣、关德儒

5. 折叠时光：梁思永与三叠层

地层学是考古科学的基本方法之一。其原理是：不同时期的人类活动留下的遗迹和遗物，会在地下形成不同的地层或遗迹单位，由于堆积过程中的自然顺序，这些地层或遗迹单位之间便具有了相对的年代关系，即被叠压或被打（挖）破的地层堆积或者遗迹单位一定早于叠压或打（挖）破其他单位或地层者。考古学家在田野操作中，最重视的便是这种地层关系，

梁思永

唯恐搞错了地层。因为地层错了，年代关系就乱了，进一步的研究也无从谈起。

成熟的考古地层学不是按照"水平层位"划分地层，而是依自然堆积的顺序划分地层。梁思永留学美国时专门学习考古学，对现代田野考古学中的地层学方法有所了解。

1931 年春，梁思永先生加入殷墟发掘团队，参加殷墟第四次发掘。在殷墟后冈遗址的发掘中，他观察到三层相叠的地层现象：最上一层多出白陶（即灰陶），属小屯文化；中层多出黑陶，属龙山文化；下层则出彩陶，即仰韶文化。

在此之前，中国考古学家已经知道以白（灰）陶为代表的小屯文化、

以黑陶为代表的龙山文化和以彩陶为代表的仰韶文化，但年代孰先孰后尚不清楚。后冈三叠层的发现，解决了仰韶文化早于龙山文化，而龙山文化又早于小屯文化（即商文化）的年代序列，从而获得解决中国史前文化与中国历史相关性的一把钥匙。这是梁思永对中国考古学的重大贡献。事后他将这一成果浓缩成《小屯、龙山与仰韶》一文。

后冈三叠层的发现标志着中国田野考古学在方法上达到了新的水平，是中国田野考古学走向成熟的重要标志。

民国十八年秋（1929），殷墟第三次发掘，横十三丙北支坑，李济手持年代早于殷墟的仰韶文化彩陶片

图版乙一

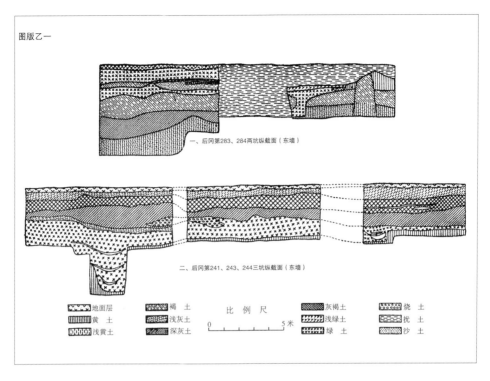

一、后冈第283、284两坑纵截面（东墙）

二、后冈第241、243、244三坑纵截面（东墙）

地面层	褐土		灰褐土	烧土
黄土	浅灰土	比例尺	浅绿土	扰土
浅黄土	深灰土	0 5 米	绿土	沙土

梁思永发现的后冈三叠层

图版乙二

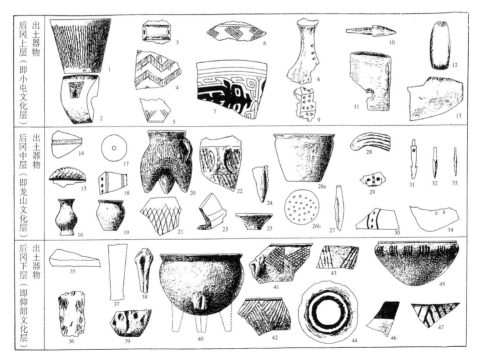

后冈三叠层中各层出土遗物

民国二十年（1931）春，殷墟第四次发掘情形，右一吴金鼎，右二董作宾

6. "格子"变奏：从探沟到探方

正规的考古发掘操作，必先制订发掘规划，在发掘地点布置控制地层和科学记录出土文物的坐标系统。

殷墟早期发掘采用"探沟法"：在发掘地点开挖很规矩的条形探沟，例如10米×1米，来控制发掘对象的空间关系。只要准确记录探沟，文物的出土位置便随之确定了。

探沟法虽然可以记录大部分发掘对象，但因揭露面积过于狭窄，不便于发掘和观察体量较大的发掘对象，如古代房基等。自第13次发掘开始，殷墟发掘者将窄长的"探沟"改良为正边形的"探方"，以实现大面积揭露。这种探方犹如"格子"，故称"格子法"。早年考古学家发掘北京周口店遗址时曾采用"格子法"，但周口店阶段的"格子"通常只有1米×1米。改良后的殷墟"格子"法，通常每个探方5米×5米或10米×10米。直到今天，这种格子法仍然是最受欢迎的发掘布控法。不过，格子法在早期殷墟发掘中并未普及。即使1936~1937年小屯村最后几次发掘实行了"整个地翻"，探沟法仍然没有完全摒弃。

20世纪30年代初实施的探沟发掘法［民国二十六年（1937）殷墟第十五次发掘］

7. 李氏分类法：陶器整理技术

殷墟资料整理的经验和教训对中国考古研究产生过重大影响。其中最重要的是对殷墟出土遗物的定名和分类，以及在分类基础上实现的文化分期。

李济最早系采用一种独特的分类方法：以数字加罗马字母表示器物所具有的不同部位的特征。如以数字"0"表示圜底，以数字"2"表示圈足，以"3"表示三足，分别可以称为"圜底目""圈足目""三足目"。"目"确定后，其下一级的特征是足部以上的形态，用数字随其后表示。同目器物的更具体的个性特征，则以罗马字母紧随其后表示。

李济关于殷墟陶器的分类方法十分烦琐，应用性较差，但他尽可能摒弃主观因素的分类思想一直影响着后来整个中国考古学的发展。

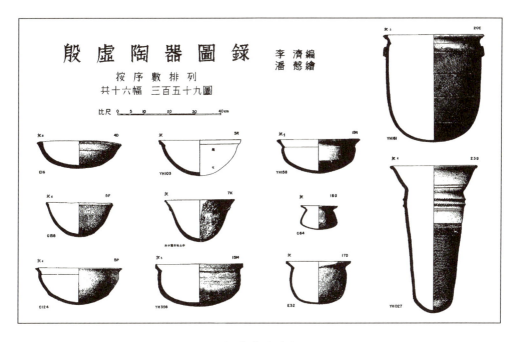

殷墟陶器图录

8. 兼及四境：聚落考古萌芽

　　1928 年以前，殷墟的考古研究思路经历过多次调整。1931 年，考古学家对安阳殷墟实施第四次发掘时，提出了"要了解小屯，必须兼探四境"的口号。这反映了殷墟发掘者试图跳出殷墟看殷墟，开始有了初级的"聚落考古"意识。这是考古思维的一次飞跃。

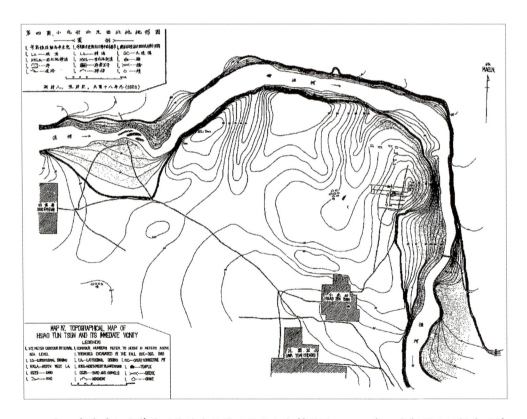

1929 年，李济委托张蔚然测绘的地形图只限于小屯村附近。1931 年，发掘团已经提出"兼及四境"的考古思想

9. 发掘权与物权之争

1929 年秋，史语所在安阳的考古发掘活动遭到了河南地方人士抗议。其中河南图书馆提出甲骨是河南的资产，应该由河南人自行发掘，与当时的中央形成对立。

李济遂暂停发掘，向傅斯年报告此事。傅斯年又向中央研究院院长蔡元培报告。蔡派傅斯年到河南和地方交涉。

傅斯年善于社交。当时他应邀在河南大学演讲考古，绝口不提敏感的政治因素和安阳发掘的情况，也不评论省方自行发掘的对错，只谈历史问题和考古方法，给河南大学的师生留下深刻印象。经与地方交涉，强调甲骨出自河南但属于国家。最终他与省政府达成协议，同意由河南省教育厅派人参加安阳发掘，河南大学也派学生到安阳实习，以达成为地方培养考古人才的目的。事后河南大学的学生刘燿（尹达先生）、石璋如一起报名参加了安阳发掘，成为殷墟发掘团的一员。

民国二十五年（1936）9月29日，殷墟第十四次发掘，殷墓YM188工作情形，戴星帽跪者为高去寻，站立绘图者为魏鸿纯

10. 首部法规与首份执照

　　田野考古不独是学术问题，更是重大的管理问题。早期殷墟是中国考古学的起点，同时也是中国文物管理制度的起点。

　　20 世纪初期西方传教士和学者在中国的考古活动，给中国学术界带来了巨大压力。殷墟发掘实施之后，出土文物的管理问题直接提上日程。1929 年历史语言研究所与河南省教育厅发生物权之争后，呼吁中央政府出台文物法规将考古发掘管理起来，因而促成了 1930 年《古物保存法》的出台和 1935 年首份执照的发布。前者明确宣布所有地下古物都是国家的财产，任何个人和私家团体无权发掘。后者则确立了具体发掘项目的中央管理体制。二者对今天的中国文物考古制度有着深刻影响。

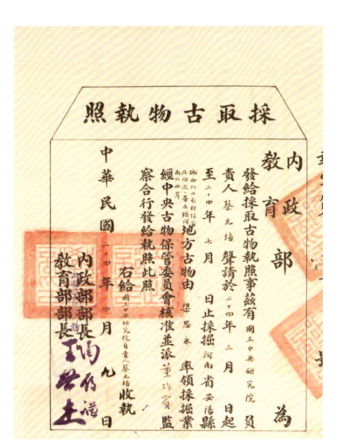

1935 年颁发给梁思永的考古发掘执照

11. 一宗发掘工地命案

1934 年 10 月 12 日，殷墟第十次发掘。

这时的发掘团，对夯土已经非常了解。技师在发掘一处夯土坑时，发现坑底有崩塌，遂向发掘主持人石璋如汇报。石璋如下坑观察时，干脆搬了张椅子坐在坑内绘图做记录。

下午 5 时许，天色渐暗。突然坑边塌陷，正在做记录的石璋如猝不及防，被泥土压住双腿。幸得工人及时相救，石璋如才得以脱险。当时同在坑里作业的还有另外 5 名工人。其中两名工人及时避开了塌方。一名叫韩希尧的工人练过功夫，坑塌的一刹那他奋力往上一跳，上半身躲开夯土，下半身陷于塌陷的土方中，但获救时还能走路。不幸的是，另外两个工人侯新文和刘珍整个身子都被埋在塌陷的土中。最初人们还还能听到他们的呼救声。急忙赶来的施救者直到天黑才将他们挖出来。由于施救者无意间踩踏压实土壤，侯新文、刘珍被挖出来时，已经回天乏术。

侯新文是侯家庄人。刘珍是安阳郭家湾人，而且即将结婚。二人的去世是殷墟发掘史上十分悲惨的事件。事件发生后，经法院勘察现场后鉴定为意外事件，发掘团也给死者家属发了抚恤金。

民国二十四年（1935）4月16日，西北冈第二次发掘，HPKM1001号大墓，"翻葬坑"内大理石制品出土情形

12. "一一·一五"盗墓事件

时局动荡，国事蜩螗。

殷墟第十次发掘期间，洹河北岸，尤其是武官村的村民，在侯家庄一带盗掘到不少铜器而致富，一时间盗掘成风。考古队还要时刻防范土匪和盗掘者的袭扰，其中就发生了有名的"一一·一五"盗墓事件。

1934 年 11 月 15 日晚，考古队员们正在整理白天的资料和报告。大约是十点，突如其来的狗吠声划破夜空，伴随而来的凌乱的脚步声吞噬了原本的宁静，正在工作的考古队员出来一看，原来是小营村村长李宝善带着菜园主人李来发着急忙慌地往考古站方向赶。

夜晚更深露重，平常人都进入了黑甜之乡，村长此时不在家好好休息，夜赴考古队，匆忙中来到底是所为何事呢？考古队员的心里都写满了问号。

李宝善不待坐定，连水也顾不得喝，操着一口地道的安阳话说道："中央是否有派遣'中央夜晚发掘团'进行发掘？"考古队员们顿时觉得奇怪。哪来的夜晚发掘团？该不会是盗掘团伙吧！先前考古队员们就听到工人口耳相传，中央研究院出四毛，很快就有赚八毛的机会，想必谣言越传越广，有人动坏心思了！

李宝善接着说安阳县府官员李冠领着武官村村长和工人到小营村村民李来发的田里要进行发掘，他们振振有词地说："研究院就是'中央白天发掘团'，我们是'中央夜晚发掘团'。"还让李宝善在庙前准备好热水，在地上铺好干草。他对这件事感到突然又奇怪，咋考古队还劳师动众地让人安排住庙，提供饮水呢？

　　李宝善越想越不对劲，便带着菜园主人李来发到考古队住处求证此事，于是就有了前面一幕。已经深感蹊跷的考古队员，立即请驻团的警察和士兵观察情况。

　　夜晚，蹲守的军警观察到盗掘者大喇喇地越过李来发的菜地，在附近的棉花田里有说有笑地开始挖掘，军警见时机成熟，"噌"地一下便打开了照明灯，顿时吓坏了这一伙人，却没曾想他们身上竟还带了枪。场面一时僵持不下，军警和盗掘者都开了几枪，后来这伙人见势头不对，以双方有话好说为由决定停火，军警遂将盗掘者缴械。

13. 洹水学校

考古队在发掘地办学校，应是中国考古学史上的第一次，也是唯一的一次。

1936 年，殷墟发掘团再次将发掘重点转移至小屯村附近。经常进出小屯村的考古队员们看到村里的孩子们总是三五成群光着屁股在街上打闹嬉戏，觉得奇怪，遂问孩子们为什么不去学校上课。一问才知道，村里唯一的私塾被教育局关闭了，而且从此以后凡设私塾者一概严查。私塾取缔后，城里读书路途遥远，孩子们不愿就学，大人们也就放任自流，任凭他们天天在外玩耍。

发掘团的成员们了解情况后，便商议在小屯村开一间工人子弟学校，让发掘团工人的孩子有机会就近读书，学习知识。

要办学，首先需要寻找合适的设校地点。队员们发现村民韩凤岐家有三间临街的房子比较敞亮，正巧他的孩子也是私塾学生，现在没有学上，他也希望让孩子继续读书，因此愿意将空余的房子租给发掘团用于办学。发掘团成员们拿出平时结余的钱捐资买了课桌椅，授课老师则由发掘团的王建勋兼任。学校就这样办起来了。

王建勋授课认真，与学生的关系也很好，到 1936 年秋，前来上学的学生越来越多。小屯村附近几个村的小孩也都赶来就读，学生达到二三十个，韩凤岐家的三间屋子开始略显拥挤。

大家便在小屯村一处碾米场筑墙隔出三间新建的教室，原先韩家的屋子则做教师宿舍。新校舍完工后，发掘团将学校取名"洹水学校"，并到当地教育局备案。

发掘团将校名定为"洹水学校"而不是"洹水小学"，是这所学校有朝一日可以办成职业学校、专科学校，甚至高等院校。清末民初天津的南开大学，就是从南开中学逐渐发展成大学的，发掘团希望洹水学校也能像南开大学发展。

教育局备案后，学校举行了挂牌（上匾）仪式。孩子们和村民们都前来观看，拍手称好，场面十分热闹。大家为"洹水学校"的牌匾专门拍了照片。

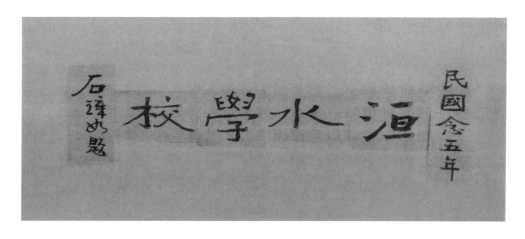

发掘团 1936 年设立子弟学校，并在教育局立案

王建勋是洹水学校唯一的老师。除平时上课外，他寒暑假也留在学校。学校平时给小孩们上课，暑期则开设工人班。王建勋英文、日文都好，教学应付自如。他平时还热心村中事务，授课之余帮村里人写信、读信，很受村民喜欢。村里人担心王建勋有朝一日会离开小屯村，便设法将他长期留下来。由于王老师年过三十还尚未成婚，大家认为让他留下来的最好办法就是在当地帮他讨个媳妇。大家热心于此，向发掘团提出要为王建勋娶亲。当地习俗，娶妻需要有恒产，通常是田地五亩左右。

当时安阳一亩田约值三十大洋，五亩田就是一百五十大洋。王建勋薪水每月只有几十元，不足支付。发掘团成员便自觉凑钱。其时小屯村民霍凤东的外甥女长相漂亮，尚未定亲。征求意见，男女双方也都满意。1936年第十四次发掘完毕，大家一起给王建勋办了婚事，送上祝福之后才离开安阳。

洹水学校成立后，发掘团还着手准备办《洹水杂志》。可惜第十五次发掘结束后，便赶上抗日战争。兵荒马乱，学校也随之解散。至于王建勋本人，据后来小屯村民回忆，后来南下参加革命，成了一名中共干部。

洹水学校，无疑是殷墟发掘史上的独特风景。

洹河边上正在挑水的小孩

1934 年秋，安阳当地拾花者，其中有不少孩童

1937 年的洹水与小屯村

1932 年 4 月 20 日，小孩与大人聚集在当地的牛王社

2012 年安阳考古队员想象并绘制的当年王建勋上课的情景

14. 发掘团与冠带巷

考古发掘团一开始将地址设于广益纱厂内，第四次发掘开始迁往袁家花园养寿堂。1922年春暂停发掘时为军队所霸占，无奈之余，只得另找住处。后搬入冠带巷二十六号，董作宾先生为防止被军队再次霸占，与县政府签订了冠带巷租约。

冠带巷似乎是考古发掘团最难忘怀的时光。

1936年春，殷墟第十三次发掘，发掘成员在安阳冠带巷发掘前合影，左起：潘慤、尹焕章、李景聃、郭宝钧、高去寻、石璋如

15. 考古十兄弟

1928～1937年，十年殷墟发掘将一帮青年才俊聚到一起，结下了深厚的友谊。他们平日住在农民家中，周末则回到安阳城内的冠带巷（发掘团在安阳的本部）休整。大家年龄相仿，志同道合，朝夕相处，关系亲密。

1934年秋第十次殷墟发掘的时候，他们开始以兄弟相称。1935年，他们干脆按年龄排了一下顺序。依次为：老大李景聃（字纯一），1900年生；老二石璋如，1902年生；老三李光宇，1904年生；老四刘耀（尹达，字照林），1906年生；老五尹焕章（字子文），1909年生；老六祁延霈（字需苍），

1934年，参与殷墟考古工地发掘人员在安阳城内冠带巷发掘团办事处院中合影。右起：石璋如、夏鼐、尹焕章、李济、梁思永、刘耀（即尹达）、祁延霈、李光宇、胡福林（厚宣）、王湘

1910年生；老七胡福林（字厚宣），1911年生；老八王湘（字元一），1912年生；老九高去寻（字晓梅），1910年生。此后，负责绘图的潘悫（字实君）加入，被列为"老十"。

考古十兄弟中，不包括李济、梁思永、董作宾。他们是发掘领队，是十兄弟心悦诚服的师长，这批青年人不敢贸然跟他们称兄道弟。

中国的第一代考古学家群体，到1937年抗战爆发，文物西迁，才被迫分手。分手的一幕发生在长沙一处被称为"清溪阁"的饭店。个人命运、民族情怀，都流动在围坐"清溪阁"的这批年轻人的血脉之中。那时的中国，外敌铁蹄踏过东北，愤怒的火焰在人们内心燃烧。大家不再能安心于学术。即使是"清溪阁"所在的长沙，也将成为日军下一步进攻的目标。史语所何去何从，也失去目标。大家决定疏散。

史语所的去留原则是：倘若自己的家不在沦陷区的话，就先回家；家在沦陷区的话，可以跟着所里走，也可以自便。考古组商量的结果，李济、董作宾、梁思永随史语所行动，"考古十兄弟"各奔东西。

老大李景聃是安徽人，家乡未沦陷，回去；老二石璋如是河南洛阳人，家乡还在中国军队控制下，也要回家；老三李光宇是河北人，家乡未沦陷，但他是考古组的古物管理员，随史语所行动；老四刘燿是河南滑县人，去延安投奔他的哥哥参加抗战，从此改名尹达；老六祁延霈是山东济南人，家乡沦陷，去重庆投奔教书的父亲，后来也去了延安；老八王湘是河南南阳人，家乡没有沦陷，但他决定跟着长沙的一些大学生去抗战；老九高去寻，河北保定人，家乡沦陷，随史语所走；老十潘悫，获派押运古物到重庆。

大家是商量好去留之后去"清溪阁"的。"清溪阁"雅聚，除了十兄弟外，还有李济、董作宾、梁思永三位师长，以及常年跟随考古组的几位技工：胡占奎、王文林、魏善臣、李连春等。

大家情绪激昂，举杯痛饮。一边喝酒，一边高呼口号。最终满座皆醉，怅然离别。分别后的"十兄弟"，命运各不相同。许多人"清溪阁"别过后，至死都没有再见过面。但他们当年相聚安阳，参加"推进历史知识最前线"的生涯，将永远被人铭记。

1931年春，殷墟第四次发掘，同仁摄于袁家花园垂钓亭与假山上，左起：李光宇、刘屿霞、吴金鼎、王湘、周英学、梁思永、李济、郭宝钧、董作宾

蓄势……工作站里的守候(1950~1995)

1. 重启殷墟发掘

殷墟自 1937 年因抗日战争被迫停止发掘后沉寂了 13 年。这期间只有日本人的"发掘"和中国民间的盗掘。著名的司母戊鼎，便是 1939 年被当地农民挖掘出来的（1984 年，出土司母戊鼎的大墓才被重新发掘）。1949 年中华人民共和国成立，社会逐渐稳定，学术界出现恢复殷墟发掘的呼声。

1950 年 4 月 11 日，中国科学院派出郭宝钧率领发掘团前往安阳，再次启动了殷墟发掘。

郭宝钧选择的发掘对象是一座位于洹河北岸武官村的商代大墓。该墓编号为 50WGKM1，又称武官村大墓。发掘结果表明，这是一座带南北两条大墓道的"中"字形墓葬，面积 340 平方米，

司母戊鼎

体积 1615 立方米，墓口至墓底深 7.2 米。墓室正中是椁室，墓室内有数十名殉人，墓道内则有殉马。大墓虽然几经盗掘，仍有不少随葬品出土。其中包括青铜瓿、鼎、簋、刀、戈，白陶卣，玉佩饰物和石器等。墓中还出土一件较大的虎纹石磬，十分精美罕见。

武官村大墓的发掘，直接引发了关于商代社会性质的讨论。

1984 年重新发掘司母戊鼎所在大墓 M260

武官村大墓发掘场景（1950 年）

2. 安阳工作站的设立

1958 年，中国科学院在安阳设立安阳工作站。

安阳工作站最初设在王裕口村。1959 年，经郭沫若亲自批示，安阳地区行署专门给安阳工作站新建营地。营地选址在小屯村西。从此，中国科学院考古研究所安阳工作队的队员便以此为基地，长期坚持在殷墟考古发掘的第一线。

1967~1968 年，"文化大革命"进入高潮。殷墟发掘工作短暂停顿了两年。1969 年，殷墟发掘恢复。

1978 年，中国科学院哲学社会科学部从中国科学院分离，成立新的中国社会科学院。安阳工作站随考古研究所改隶中国社会科学院。

自 20 世纪 50 年代以来，考古学者如马得志、安志敏、周永珍、张长寿、林寿晋、魏树勋、高广仁、戴忠贤、郑振香、陈志达、杨锡璋、杨宝成、刘一曼、徐广德等先后主持和参与殷墟考古发掘工作。他们以安阳工作站为基地，在这座 10000 平方米的院内学习、工作和生活。

中国科学院计划局关于安阳工作站基建复函（1960 年）

郭沫若考察殷墟（1958年）：第一排右起：徐锡台、安金槐、郭沫若、安阳市政府秘书长、
安阳市副市长；第二排：省市领导和工作人员，右一为司机

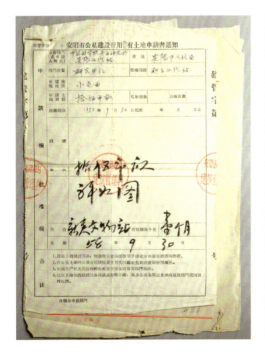

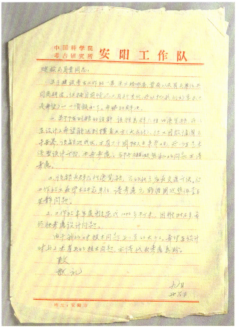

安阳工作站建站申请、批复文件（1958年）　　安阳工作站建站申请、批复（1958年）

新落成的安阳工
作站（1959 年）

安阳工作站外景
（1959 年）

安阳工作站建站扩建仓库的申请（1973 年）

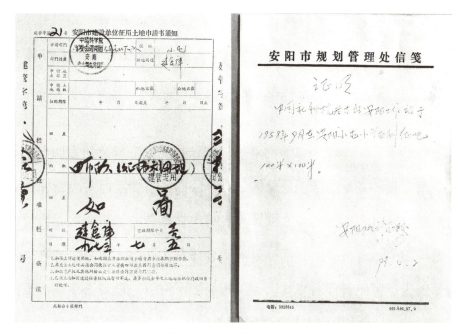

安阳工作站建站扩建仓库的申请（1998 年）

3. 铸铜与制骨作坊

殷墟的田野工作恢复不久，发掘范围便不断扩大。一系列手工业作坊随之被发现。

1958～1959 年，苗圃北地铸铜作坊被发现。这是一处长期使用的大型铸铜作坊遗址，面积达 1 万余平方米。该遗址分为居住区与生产区两部分。生产区位置偏东，发现的遗迹和遗物皆与铸铜生产有关。包括制模、制范、浇铸用的场地或房舍遗迹，熔炉遗迹，各式陶范及制范的工具等。

与苗圃北地铸铜作坊同时发现的手工业遗迹还有制骨作坊。大司空村制骨作坊始自殷墟文化第二期，兴盛并沿用至第四期。遗址中发现大量骨笄。北辛庄制骨作坊则发现有骨料储存坑和制骨工具。骨料以牛骨和猪骨居多，部分取自马、羊、狗等动物。还发现有青铜锯、钻、刀以及石钻、磨石等小型工具。

1987 年，小屯村南部的花园庄南地也发现骨料，或为另一处与制骨工业相关的遗迹。

2000～2003 年，殷墟西区，原孝民屯村一带，今安钢厂区内发现大量铸铜陶范以及相关遗迹。

2002～2006 年，殷墟南部的铁三路发现极为丰富的制骨遗迹和遗物，可确认为制骨作坊。

2015 年，洹北商城内发现铸铜遗迹。同年，洹北商城内也发现一处与铸铜作坊相邻的制骨作坊。

铸铜遗迹与制骨遗迹相邻存在，是殷墟手工业作坊的分布特点。

殷墟铁三路发掘清理出的骨料（2006 年）

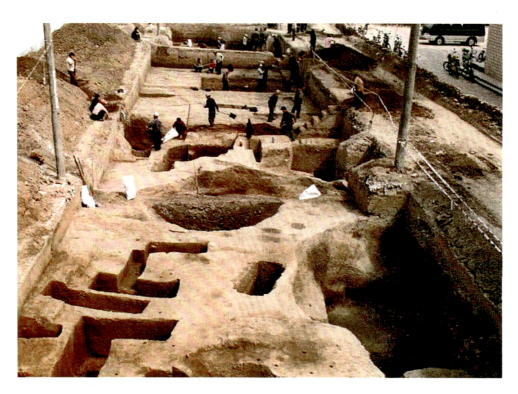

殷墟铁三路商代手工业作坊发掘现场（2006 年）

4. 全国重点文物保护单位

1930 年，中国政府颁布第一部文物保护法规《古物保存法》，主要规定"古物"的权属，以及考古发掘的相关规定。

1961 年，中华人民共和国国务院颁布《文物保护管理暂行条例》，同时发布《关于进一步加强文物保护和管理工作的指示》。为了贯彻《文物保护管理暂行条例》，文化部又陆续颁发了有关文物保护单位、考古发掘、古建筑修缮以及限制文物出口等一系列具体管理办法。殷墟被列为中央政府公布的第一批"全国重点文物保护单位"。

20 世纪 70 年代的殷墟遗址

5. 关注祭祀坑

　　殷墟发现的大量祭祀坑，总数近 3000 座。大部分是面积两平方米以下的小型长方坑或方坑。比较集中的地点有宫殿宗庙区内的宗庙建筑前（学术界普遍认为乙七基址为宗庙建筑）、王陵区、各族墓地中的大墓附近，以及某些规格较高的建筑基址内。

　　王陵区的祭祀坑最为密集，总数在 2500 座以上，现已清理 1487 座（该统计数字包括一部分陪葬坑）。主要集中于王陵区东区大墓的西部、南部和西南部。多是长 2 米许、宽 1 米许的长方形坑，小部分为边长 0.6 ~ 1.5 米的方形坑。两种坑都作有规律的密集排列。这些密集排列的坑均可分成不同的组。有的一排一组，有的数排一组。同一组坑可能属于同一次祭祀活动。祭祀坑的内容以人祭坑为主，也有少数兽祭坑和器祭坑。最多时一组坑埋人数百名，通常为几十人或百人左

殷墟发现的无头人祭坑（豫北纱厂，1966 年）

右。细分之下，人祭坑还能分辨，分为全躯葬、头躯分离葬、无头躯体葬、无体人头葬4种。以无头躯体葬最多。埋入的死者有的系活埋、有的系砍杀后埋入。多是青壮年男性，只有少数年龄在20～35岁的女性和6～10岁的儿童。一般的祭祀坑都无随葬品，仅少数坑（主要是全躯葬坑）例外。兽祭坑内的动物包括马、犬、象、羊、猪、猴、鸟。以马坑最常见。埋马数量通常是一坑2～6匹，但多者可达30余匹。

后冈圆形祭祀坑（59HGH10）是王陵区祭祀区以外发现的规模最大、杀人最多的祭祀坑之一。坑内发现多层人骨，同出带有30字铭文的戍嗣子鼎。

20世纪60年代至70年代之所以如此关注祭祀坑，显然受当时政治形势影响。

安阳武官村北地祭祀坑钻探现场（1978年）

武官村北祭祀坑发掘的部分技工合影（1978 年）

安阳武官村北地祭祀坑发掘现场（1978 年）

6. 发掘妇好墓

妇好墓是迄今殷墟所发现的保存最为完整的商代贵族墓。1976年由郑振香带领技工何振芳等在小屯村北钻探出来并随后发掘。

1976年发掘。位于小屯村西北地。该墓长5.6米，宽4米，深7.5米。面积22.4平方米。棺椁已朽，但有痕迹表明棺椁原都涂有红、黑等色漆。墓底有腰坑一个，腰坑内殉1人1犬。在距墓口6.2米处，墓室、东壁、西壁各开有壁龛1个，内埋殉人。墓中共有殉人16个，殉狗6只。该墓未被盗，故保存了极其丰富的随葬品。总计1928件，其中铜礼器达200余件，包括铜瓿、爵、鼎、簋、尊、罍、卣、瓶等礼器。玉器755件，包括礼器类的琮、璧、环、璜、玦、圭、璋等，工具日用具类有斧、铲、锛、觿、刻刀、纺轮、

妇好墓发掘工作照（1976年）

耳勺等。兵器类有戈、矛、戚、钺，以及用于玩赏和装饰的各种动物形圆雕、片浮雕。

经过器物研究和铭文考释，可知墓主是殷王武丁之妻妇好。在殷墟文化的分期系统中属第二期。妇好墓的发现，直接将考古发现的墓葬随葬品与甲骨文联系起来，使得殷墟二期考古学文化首次可以精确到武丁晚期。而妇好本人，则成为迄今为止中国考古学所知道的名号、身份、功业都有记录的最早的历史人物。

妇好塑像（1987年）

妇好墓出土的三联甗

妇好墓出土玉象

妇好出土铭"妇好"青铜壶

妇好墓出土青铜罥

7. 后冈三大发现

后冈是殷墟遗址中的重要地点。

1931 年，考古发掘团曾在此发现过仰韶文化、龙山文化和小屯文化的"三叠层"。

1959 年，考古队在后冈发现一处圆形祭祀坑。坑内埋葬有 3 层人骨，并出土了 1 件铸有 30 字铭文的青铜圆鼎。铭文记录了商代末期商王对"戍嗣子"的赏赐。铜鼎及其所在祭祀坑对于研究商后期历史具有极其重要的意义。

1971 以来，后冈发现多座带墓道大墓。

除此之外，后冈还发现丰富的仰韶文化与龙山文化遗存。

安阳后冈发掘到仰韶文化房基（1979 年）

安阳后冈发掘照（1979 年）

8. 屯南甲骨和花东甲骨

小屯村南地甲骨和花园庄东地甲骨，是继 1936 年 YH127 甲骨坑后的两次甲骨大发现。

1973 年，殷墟小屯村南发现的一批储藏坑中出土大量甲骨。其中卜骨 5260 片，卜甲 75 片，大版的完整刻辞卜骨近百件。这批甲骨被称为"小屯南地甲骨"。这批甲骨中，部分刻辞甲骨与陶器共存，使甲骨文字与其他遗物直接联系起来。

1991 年，位于小屯村东南的花园庄东地也发现一处甲骨坑。坑口平面呈长方形，长 2 米，宽 1 米。坑内出土甲骨 1583 片，其中刻辞甲骨 579 片，完整的刻辞卜甲 300 余版。该坑年代属殷墟文化一期，其甲骨卜辞的一个显著特点是，卜辞的主人不是王而是"子"，因而对商代家族形态的研究以及甲骨学中"非王卜辞"的研究具有重要价值。

花园庄东地甲骨坑出土甲骨之一

花园庄东地甲骨坑出土甲骨之二

花园庄东地甲骨坑出土甲骨之三

9. 殷墟西区墓地

　　"殷墟西区墓地"曾经是殷墟研究者常用的概念。这一概念始于1969~1977年中国社会科学院考古研究所安阳考古队对殷墟西区的939座殷代墓葬和5座车马坑的发掘与研究。

　　发掘者认为，这批墓葬材料可分为10个区，分属不同的商代族属，属于典型的晚商时期的"族墓地"。此后，殷墟分布着专门的"族墓地"的观念被学术界广泛接受。然而近年的发掘和研究表明，类似殷墟西区墓地的"族墓地"概念可能是发掘者对晚商墓葬的误读。

安阳殷墟孝民屯村发掘，随后不久提出"西区墓地"概念（1972年）

参与发掘的部分工人合影（1974 年）

10. 编织"时间标尺"

陶器由于出土量大，而且其风格变化具有较强时代敏感性，成为最重要的分期依据。依据陶器风格变化排出的"文化编年"，通常被称为古代遗址的"时间标尺"。

1902 年，英国考古学家皮特里从尼罗河流域纪年前墓葬中的大量陶器群入手，从陶器的形制变化来归纳出器物形制和装饰的递变过程，由此建立起一系列的陶器发展序列，为早期埃及墓葬的研究提供了一种"序列断代"方法。

1931 年梁思永发现的"三叠层"，只用于讨论仰韶、龙山和小屯三个不同属性的文化的年代关系，而且当时并非基于地层关系的"器物类型学"研究。在基于地层关系的"器物类型学"研究的基础上对同一考古学文化进行分期，并不源自殷墟发掘本身，而是受苏秉琦斗鸡台发掘的影响。

20 世纪 50 年代以来，邹衡依据地层关系及出土遗物，特别是各种陶器的风格变化，经过反复调整，将殷墟文化分成四期，分别对应商代晚期自盘庚（或武丁）至帝辛诸王。1958 年苗圃的发掘，特别是 1962 年和 1964 年大司空村的发掘，为殷墟文化分期提供了地层证据。到 60 年代后期，邹衡、郑振香等达成了相似的殷墟文化分期意见，即认为殷墟文化可以分为四期。如果以陶鬲为代表，可观察到殷墟陶鬲遵循裆部由高逐渐变低的明显规律。

妇好墓发现后，殷墟文化分期通过妇好这位历史人物，与商王朝的王世联系起来，从而某种程度上获得了商文化的绝对年代。

圖一　遺址分期圖表

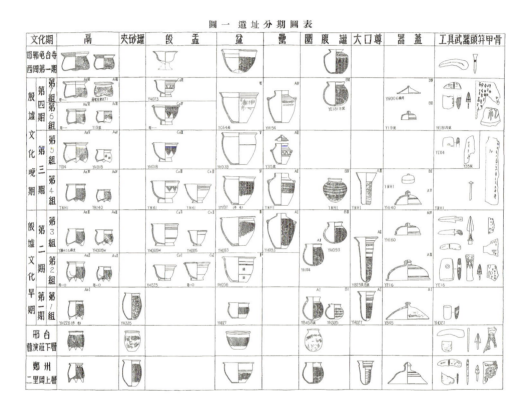

1956 年邹衡研制的殷墟文化分期图

11. 殷墟发掘与中国奴隶制时代

在中国，考古学被视为史学分支。

20 世纪 50 年代，马克思主义成为史学研究的理论指导。考古资料自然被置于马克思主义的理论框架内解释。

以考古资料为证据当时风靡全国史学界的古史分期大讨论，正是对马克思主义历史唯物主义观的自觉运用。殷墟商墓呈现的社会等级，尤其是殷墟西北冈王陵区的大量祭祀坑，以及大型墓葬中常见的殉人，在许多考古学家和历史学家看来，足以说明商王朝是奴隶社会。为马克思主义理论提供考古证据的指导思想，直接导致了 20 世纪 70 年代和 80 年代中期以前对殷墟王陵区的多次发掘，其中包括大批王陵区祭祀坑，以及曾发掘出司母戊鼎很多年的大型墓葬 M260。1971 年对后冈带墓道大墓的发掘，也出于同样原因。

安阳武官村北地发掘现场召开批林批孔大会（1976年）

安阳武官村北地考古队员现场控诉奴隶社会（1976年）

发掘传出司母戊鼎大墓 M260 开工场面（1984年）

12. 殷墟文化探源与上古史重建

殷墟发掘是构建"中国上古史"的重要支点。

殷墟发掘之初，发掘者即关注殷墟文化的来源。1929 年第三次发掘殷墟时，李济根据地层中出土的一片彩陶，对"小屯文化"的先驱进行了讨论。第四次发掘时，梁思永根据后冈的仰韶—龙山—小屯"三叠层"关系，提出小屯文化的前身是龙山文化而不是仰韶文化。该观点在学术界被作为定论沿用了很长时间。

殷墟被证明是商王朝后期都邑，使之成为中国上古史研究的一个"已知点"。有了这个"已知点"，则商王朝早期，还有由此上溯的夏王朝，以及知之甚少的史前中国，都可以由此出发来研究。1959 年，李济明确提出"中国上古史重建问题"任务，提出殷墟的考古发现，"一方面把地上与地下材料联系起来，一方面把历史和史前联系了起来"。

中国上古史之重建工作及其问题*

一部能说明中国民族文化之原始的上古史，是现在一般人渴望好久的了。但是如何达到这一目的，却有若干不同的看法。现在从事这一工作的人相当多；各有不同的见解、立场以及成绩。今天我要讲的，是把本人参加过或是自己熟悉的工作，加一点分析，向诸位先生求教。

这题目的意义是不难懂的；名词也没有不易解的地方。但我个人的看法，所谓"中国"，所谓"上古"，似乎都可以另加界说。前些时，我讨论一批考古资料的时候，深深地感觉到，中国两千年来的史学家，上了秦始皇的一个大当。这就是说，中国的史学家把中国古史看作长城以南的事；长城不只是疆域的界限而且成为精神的界限；要找中国人的民族和文化的原始，在北方的一面，都被长城封锁了。从某一立场来看，以长城为中国文化北方的界限，不是完全没有理由，但都是汉朝以后的事。汉朝以前，我们中国人列祖列宗活动的范围，是否以长城为界限，是很有问题的。故"中国"这两个字，根据新的材料来说，应该具有一种新的意义。"上古"呢？过去的史家，譬如司马迁，最早只讲到黄帝，但司马迁本人已经感觉黄帝这个人的存在不是没有疑问的；新文化运动以后，中国上古的人物，大多都成了问题。从新的材料看，他们也是有问题的，但那问题却在另一方面！到现在，"黄帝"事实上已经不能作为上古的界限；上古史可以推到黄帝(假如真有这个人的话！)以前。我们有一门新兴的科学：史前史。史前史的资料，广义的话，全是上古史的资料。究竟是上古史包括在史前史里，还是史前史包括在上古史里？这是另一问题。总之，我们若把中国历史看作全部人类历史的一部分，它比传统的历史远得多。远到什么时候呢？至少是比传统的历史长到几倍，或十几倍，甚至几十倍。

我们讨论中国历史最要紧的一点，与过去不同的一点，是我们感觉到，并已证明，

* 本文为作者于 1954 年 1 月 11 日在台湾大学法学院"蔡子民先生 87 岁诞辰纪念会上"的学术讲演，原载台北《民主评论》杂志第 5 卷第 4 期(1954 年)。

李济文章《中国上古史之重建工作及其问题》

考古队员发掘殷墟商代墓（1989 年）

13. 工作站里的守候

1958 年中国科学院在安阳设立安阳工作站后，考古队员的生活基本上以工作站为半径展开。平时他们生活在工作站内，有发掘任务时则步行或骑车到野外。安阳队直到 20 世纪 80 年代初才打了第一口水井，1985 年才有了第一辆汽车。

考古队员在工作站内吃饭、休息、学习。60~70 年代电力不足，大家靠煤油灯看书。粮食不够吃，便定量供应。早年的学习内容，除了考古著作，还有大量的马克思主义书籍。

当年的考古队设备简陋，无论测量工具、绘图工具、照相工具都是那个年代的国货。然而大家认真对待每一次发掘。队员们的敬业精神，反映在他们工整的日记中。

郑振香工作日记

20世纪80年代以前考古队使用过的手铲

考古队员使用过的洛阳铲

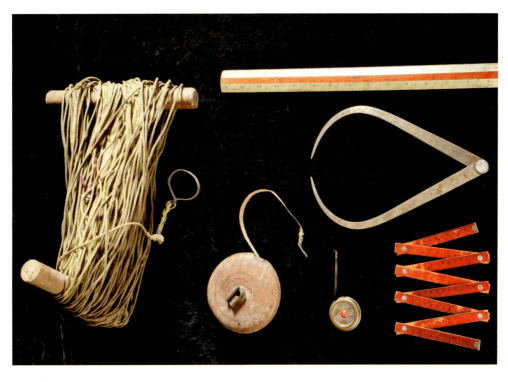

考古队使用过的测量工具

实验器材

纪念甲骨文发现 95 周年合照（1994 年）

20世纪70年代安阳市与考古队商讨文化展览事宜

安阳工作站关于举办文物展览的回复（1970年）

安阳棉纺织厂挖防空洞致函殷墟的文件（1971年）

殷墟基本建设考古的文件（1970年）

河南安阳小屯村考古队信件

殷商文化国际讨论会
纪念册（1987年）

中华人民共和国考古
发掘证照（1992年）

发展：考古与世界同行（1996~2018）

1. 基建考古发掘

经济发展，导致考古工作中的围绕基本建设（如道路改造、管道铺设、新企设立、旧厂翻建）的田野发掘大规模增加。20 世纪 90 年代以后，基本建设考古逐渐成为安阳工作站的日常任务。

1996 年，安阳钢铁集团有限责任公司为扩大生产，实施"黑河路"道路改造。安阳工作站利用此次基本建设工程，制订了详细的发掘方案，给殷墟田野工作带来了变化。

（1）黑河路的商代居址与墓葬

1996 年，位于殷墟西部的安阳钢铁集团有限责任公司谋求厂区东扩，征用白家坟村东的一片农地，拟修建一条西北—东南走向的道路。这条道路被称为"黑河路"。黑河路全长 1200 米，设计路宽 30 米，征用土地宽 35 米。

1997~1999 年三年间，中国社会科学院考古研究所安阳工作队沿黑河路发掘，总计揭露面积 3000 余平方米，清理出商代房址、灰坑、水井、墓葬等。这次发掘收获甚多。例如通过黑河路南段 34 号建筑基址的清理，确认了商代"四合院"建筑形式的存在。又如通过沿线大量商代房基与墓葬相伴存在的现象，颠覆了学术界对"殷墟西区墓地"这一概念的认知。即殷墟并不存在类似"殷墟西区墓地"这样的"族墓地"，真正的商代居、葬形式是以家庭为单元的"居葬相邻"形式。

殷墟的考古发掘一度侧重墓葬而对其他遗迹有所忽略。黑河路发掘将房址、道路、灰坑、水井、墓葬，甚至居址、墓葬间的空地，一并视为遗

址要素，制订统一发掘计划，同等对待。这种田野工作思路为日后的殷墟
布局研究打下了一定工作基础。

黑河路发掘现场（1997 年）

郑振香、杨锡璋等在黑河路工地（1997 年，前排左至右：唐际根、高炜、郑振香、杨锡璋）

黑河路发掘过程中拍摄遗迹（1997年，左至右：屈光富、唐际根、霍廷合）

时任河南省文物局局长张文军考察黑河路发掘（1997 年，左至右：杨锡璋、党项魁、徐广德、唐际根、张文军）

（2）其他基本建设发掘

除黑河路发掘外，安阳工作站还在殷墟的其他范围开展了大量基本建设考古发掘。大规模的基建发掘地点有：2000~2001 年孝民屯村东南、2003 年孝民屯村内（孝民屯村现已撤村，成为安阳钢铁公司厂区的一部分）、2003~2004 年刘家庄村西（服务于小屯村、花园庄村部分村民搬迁）、2006~2011 年刘家庄村北（配合花园庄整村搬迁）、2004~2016 年大司空村南豫北纱厂内（配合豫北纱厂棚户区改造）、2016~2018 年大司空村东（配合大司空村棚户区改造）等。

考古队及本所科研人员在工地（2001年，左至右：岳洪彬、王巍、唐锦琼、何毓灵）

基本建设考古发掘现场（2003年，安阳钢铁公司内）

考古队员清理出土卜骨（2004年，小屯南路）

考古队员及来访学者在刚刚清理出来的商代墓室内
（2004 年，左至右：侯玉林、James Stoltman、岳占伟）

考古队员在商代马车清理现场
（2005 年，左至右：杨锡璋、
徐广德、何毓灵）

洛阳铲钻探（2007 年）

发掘清理商代马车（2009年，大司空村）

宋墓发掘现场（2010年）

磁力仪投入勘探工作（2010 年）

考古队员在工作（2013 年，左至右：牛世山、汤毓赟）

殷墟九十年考古人与事（1928-2018）

考古队员在清理墓葬（2013年，唐际根）

考古队员在洹北商城西南小司空
村工地（2014年，左至右：侯卫国、
霍慧军、牛世山、岳占伟）

考古队员进行工地航拍（2015年，下蹲者为何凯）

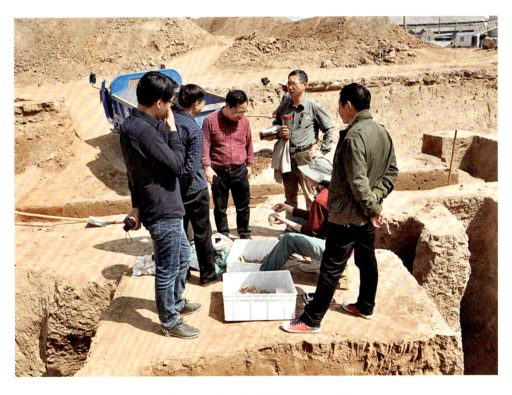

考古队员在大司空村工地（2016年）

考古队员在大司空东地（2016 年，牛世山）

考古队员在发掘商代车马坑（2016 年，李海燕）

考古队员在大司空安置家园工地发掘商代墓葬（2017 年，申文喜）

发现多条商代道路后，考古队员站在古代路基上留影（2017 年，牛世山）

 殷墟村庄集体安置房工地照片（2017 年）

考古队员在清理商代墓葬（左：何毓灵、工人；右蹲者：霍廷合）

考古队员在清理商代墓葬（左：屈光富；右：张贵生）

2. 区域考古调查

考古学研究个体，但更关注社会。古代社会研究是整个考古学领域最具挑战性的课题。考古学文化的概念，最早便被许多学者寄予厚望，希望能够用来解决或描述古代社会结构，后来证明它多少有些力不从心。于是出现了一系列其他研究古代社会组织的手段。

聚落考古通常以独立的自然地理单元为中心，观察这一范围内不同居民点（很多场合下等同于遗址）之间的关系，它是在社会关系的框架之内来做考古资料研究。

聚落考古学特别重视田野工作，尤其是某一自然地理单元内的田野考古调查。要求判定每个遗址的古文化堆积序列，遗址每个不同时期的分布范围，哪些遗址之间是"共时"存在的，遗址与环境的关系，遗址之间的内在联系。

它着眼于聚落遗址内部结构和外部关系，希望解决的却是古代社会的组织结构、亲属制度、人口、宗教等各个方面的问题，也包括居民点之间、聚落之间的经济关系、政治关系等问题。

1928 年以前，殷墟的考古研究思路经历过多次调整。1931 年，考古学家对安阳殷墟实施第四次发掘时，提出了"要了解小屯，必须兼探四境"的口号。这反映了殷墟发掘者开始有了初级的"聚落考古"意识。

20 世纪 60 年代初的考古研究所安阳队沿洹河进行的大规模调查，是认识洹河流域古代聚落组织的重要行动。

80 年代中期至 90 年代中期大约十年间，中国考古学界与国际考古学界交流空前。90年代初，国家文物局批准了数个国际合作考古项目。其中影响最大的是中国社会科学院考古研究所与美国哈佛大学皮堡德博物馆共同实施的"商丘计划"。1996年开始，中、美考古学者共同发起了洹河流域区域考古调查。这是继"商丘项目"之后国家文物局批复的为数不多的国际合作项目。

该项目将洹河流域作为单独的地理单元进行聚落考察，与此同时，强调聚落演变的时间因素。该项工作的重大成果，是发现了商王朝中期的洹北商城，同时掌握了洹河流域沿线的大量史前至战国时期的古遗址数据，对于认识和理解商王朝的社会结构具有重大意义。

区域考古调查野外作业（2006年，土楼。远端为荆志淳，近端为张贵生）

考古队员在野外调查（2000年，近处：Katrinka、唐际根，远处：James Stoltman）

区域考古调查野外作业（2004年，大正集遗址附近）

区域考古调查野外作业（2004 年，土楼遗址，远端戴帽者为 David Cohen）

区域考古调查野外作业（2006 年，麻水遗址。蹲者为荆志淳，右立者为高岛谦一）

区域考古调查野外作业（2006年，麻水遗址）

野外调查过程中（2012年，左至右：周昆叔、唐际根、荆志淳）

区域考古调查发现的地层剖面（1998 年，安阳土楼）

3. 发现洹北商城

1999 年，中国社会科学院考古研究所安阳考古工作队在殷墟东北外缘发现洹北商城。

洹北商城的外城平面近方形，边长约 2200 米，总面积超过 470 万平方米。方向 13 度。现仅存城墙基槽部分，基槽宽 9 米左右。宫城位于大城中部偏南位置，平面呈南北长方形。其南北长约 795 米，东西宽度至少 515 米。宫城面积不小于 41 万平方米。基槽宽 6~7 米，墙体宽 5~6 米。大城西南隅另有一座小城，平面近方形，东西长约 240 米，南北长约 255 米。

洹北商城属于商代中期，总体上略早于传统定义下的殷墟，但其本身遗存又可以分为早、晚两个阶段。其建造过程是先建邑，后营小城（宫城），再造大城。普通居民点散布在小城之外大城的北部。尤以大城西北部居住遗存密集。

洹北商城的发现，改变了传统殷墟的概念。

区域考古调查期间在洹北商城内勘探（2001 年）

发现洹北商城过程中的标图记录（1998年）

发现洹北商城前在洹北花园庄村东的考古发掘现场（1998年）

区域考古调查过程中清理安阳航校机场围沟现场（2000 年）

发现洹北商城宫殿区时，最先找到的有明确年代特征的商代中期白陶片（2000 年）

洹北商城宫殿区内发现的夯土建筑与柱础石（2000 年）

洹北商城一号建筑基址发掘现场（2000 年）

洹北商城一号建筑基址发掘现场（2001 年）

洹北商城一号建筑基址（由南向北拍摄，2001 年）

洹北商城一号基址门道的倒塌堆积（由西南向东北拍摄，2001 年）

洹北商城一号宫殿基址工作照（2001 年，左至右：岳占伟、王巍、唐际根、殷玮璋、岳洪彬、何毓灵）

李伯谦考察殷墟（2001 年，左至右：唐际根、李阳生、李伯谦、王讯）

洹北商城现场（2002 年，岳洪彬、高炜、岳占伟）

洹北商城一号建筑基址遗迹（2002 年发掘，2004 年重新揭开）

清理过程中的洹北商城一号建筑门道遗迹（2002 年）

考古人员在研究洹北商城一号基址出土陶片（2002年，高炜、唐际根、徐广德）

洹北商城发掘引发各界关注（2002年，左至右：许光、唐际根、常俭传、张文彬、刘庆柱、秦大树、方晓宇、段振美）

4. 其他重要发现

20 世纪 90 年代中期以后，最重要的考古发现无疑是洹北商城。然而殷墟其他地点的田野考古工作从未停止，重要的考古发现同样层出不穷。举例如下：

（1）殷墟南部刘家庄北地商代道路、水渠的发现；

（2）小屯南路甲骨的发现；

（3）大司空村南豫北纱厂内大型商代居民点的发现；

（4）铁三路制骨作坊的发现；

（5）洹北商城内铸铜作坊以及制骨作坊的发现；

（6）刘家庄北铅锭坑的发现。

殷墟南部发现的商代水渠遗迹（2006 年，刘家庄北）

殷墟南部发现的商代
道路（2008 年，刘家
庄北）

刘家庄商代四合院建
筑发掘现场（2009 年）

殷墟发现的铅锭坑内
的铅锭堆积（2015 年，
刘家庄西北）

殷墟铁三路出土的商代的骨料

5. 专项研究

（1）发掘资料整理

20世纪90年代中期以后，安阳工作站一方面承担着繁重的基本建设考古压力，一方面积极开展专题科学研究。

历年的基本建设考古发掘，带来巨大的资料整理压力。安阳工作站通过先发简报，再整理正式考古报告的形式，逐步向学术界推出考古发掘成果。

以地层学为基础的类型学仍然是资料整理的基本方法。标本运回安阳工作站内，经过清洗、标注标本号、照相、绘图、类型学研究、必要的科学分析等程序，最后才能撰写田野发掘报告。

80年代，安阳考古队曾推出《殷墟妇好墓》《殷墟发掘报告》《安阳郭家庄商墓发掘报告》等具有重大影响的考古报告。

90年代后，安阳队推出的一系列重要考古简报（如《洹河流域区域考古研究初步报告》《河南安阳市洹北花园庄遗址发掘简报》《洹北商城的勘探与试掘》《洹北商城一号宫殿基址试掘报告》），以及田野考古报告专刊（如《安阳殷墟花园庄东地商代墓葬》《安阳大司空：2004年发掘报告》），均在学术界有重大影响。

安阳工作站的考古整理大厅（2007 年）

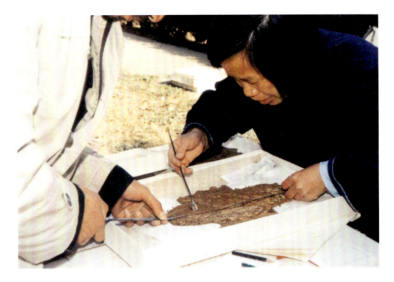

考古队员在清理出土的甲骨（1994年，刘一曼）

考古人员在整理陶片（2001年，左至右：徐广德、荆志淳）

李伯谦考察殷墟（2009年，左至右：孟宪武、李伯谦、唐际根）

考古队员在清洗陶片（2010年）

考古队员在陶片上写字编号（2010年）

考古队员在观察陶片（2010年，唐际根）

考古队员在陶片上写
字编号

考古队员修复陶器
（2010 年）

考古队员修复的殷
墟陶器

新修复的陶器（2011 年）

陶器类型学研究现场（2011 年）

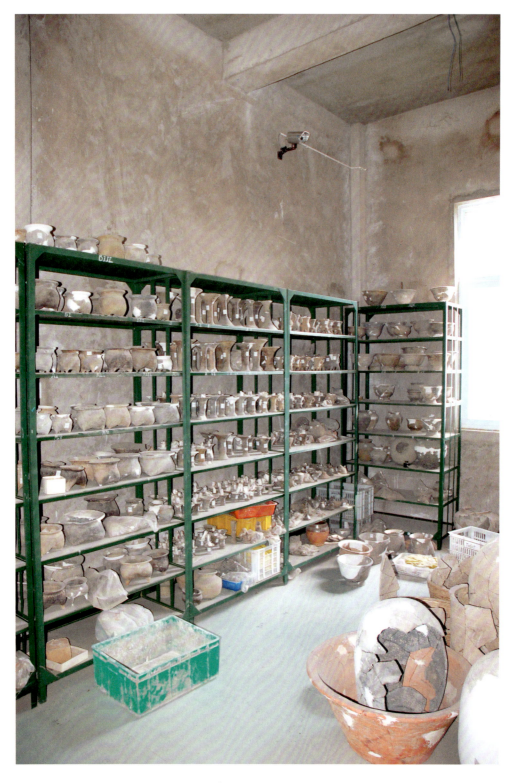

经过陶器类型学整理之后的陶器（2011 年）

考古队员手工绘图
（2014年，刘小贞）

考古队员手工绘图
（2014年，黄晓芳）

考古队员在制作甲骨
拓片（2018年,何海慧）

（2）级差网格

殷墟范围大，发掘时间长。从 1928 年至 1990 年，殷墟的发掘多无精确定位。很多时候甚至以"花园庄东地""小屯南地"等空间位置含混的概念记录发掘地点。有鉴于此，安阳工作站于 2009 年采用"级差网格"法记录考古发掘点的空间位置。

级差网格法利用卫星定位技术，先在安阳工作站内设立原点，然后按象限角将殷墟遗址整体进行"空间布控"，以 1000 米、500 米、100 米、10 米为空间单元，将殷墟遗址现代地面诸元素，以及历年开方发掘的位置精确定位。

级差网格是研究殷墟遗址形成过程的必要技术措施。理想的级差网格空间布控，是能够与全部的殷墟考古发掘数据联结起来。因而安阳工作站在研制级差网格过程中，也曾设计殷墟考古数据库的数据编码。

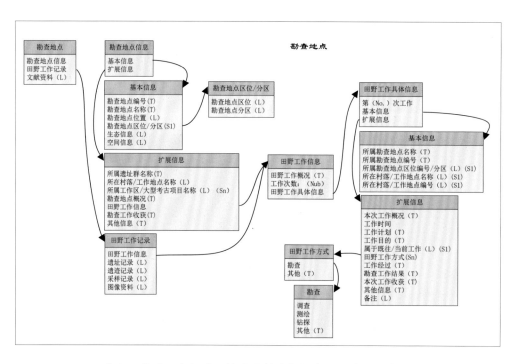

安阳工作站配合级差网格法编制的数据库编码（2009 年）

安阳殷墟遗址级差网格布控系统(500米网格)

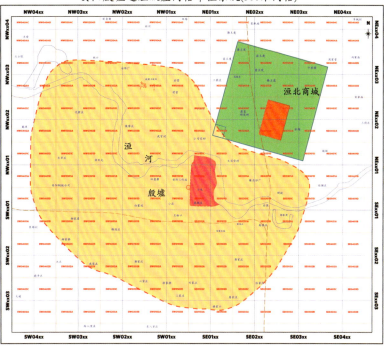

安阳殷墟级差网格布控系统（影像）500米网格（2009年）

安阳殷墟遗址级差网格布控系统(500米网格)

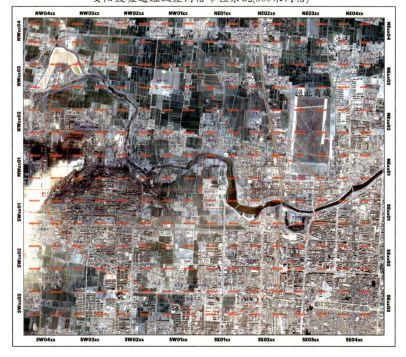

安阳殷墟级差网格布控系统（影像）500米网格（2009年）

（3）古环境研究

殷墟的古环境研究，一直受学术界重视。20世纪70年代，竺可桢等学者曾专门讨论过三千年前华北地区的气候。

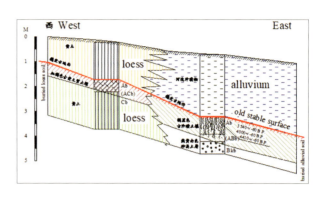

根据野外综合数据整理的安阳地区古地貌图

1996年安阳工作站实施"区域考古调查"时，也将环境研究作为重要研究内容，利用聚落考古学、地层沉积学、磁化率、孢粉分析等手段，观察商代安阳地区的古地貌与古环境变化。最终绘出了安阳地区的古地貌变化图，揭示出安阳地区在商代以前，地貌特征比较稳定，洹河大致在东周时期发生过改道，并且商代的安阳东部地区存在"湖沼相沉积"。

古环境研究中结合考古发掘采样（2005年）

古环境研究中在安阳东部地区观察到的黑土层（1998年）

古环境研究中的黑土层采集（1998年）

古环境研究中结合考古发掘观察地层沉积变化（1998年，周昆叔、岳占伟）

（4）都邑布局

在甲骨文中，殷墟被称为大邑商。

作为商王朝晚期都邑的"大邑商"，是什么样的格局？

1997~1998 年对白家坟东黑河路的大面积发掘，推动了殷墟布局研究。洹北商城发现后，重新认识殷墟布局的任务更加迫切。2009 年，中国社会科学院考古研究所正式将"殷墟布局研究"纳入中国社会科学院重大学术攻关课题。高性能照相机摄影、直升机摄影、无人机摄影、RTK 测绘等技术都在考古发掘中得到大量应用。为了改进遗迹遗物的田野记录方式，殷墟还首次采用"级差网格"方式标绘发掘地点，并同时进行文物数据库建设。数年后，课题确认了殷墟遗址的路网与水网布局。

"殷墟布局研究"项目实施至 2016 年，布局研究构建出都邑的基本格局：殷墟至少建成了"两纵三横"的路网系统和由西北流向东南的"树枝状"

中国社会科学院重大科研项目"殷墟布局研究"项目启动会代表合影（2010 年）
第一排右起：张涛、殷玮璋、宋镇豪、齐东方、黄铭崇等

沟渠系统。铸铜、制陶、制骨等作坊沿沟渠分布。居民点散落于大邑商内，相互之间有道路相连。殷墟的道路可以分为大道和小道两种，大道可以通马车，贯穿多个商邑，小道则可能连通不同的商邑。

布局研究不应是简单的遗迹关系描述，而应该包括四个层次的研究，即对不同性质、不同功能、不同等级的聚落或其他遗迹在空间上的分布；遗迹在不同时段所呈现的连续性和变化规律；遗迹间，特别是聚落间的功能关系；不同遗迹的空间分布与变迁背后所隐藏的都邑构成方式、规划原则、社会组织关系。此种理论背景下的布局描述，与形成过程有关。

洹北商城时期，洹北商城是都邑所在，小屯村一带仅仅是其外围的一处居民点。西北冈王陵区可能已经启用，78HBM1可能是第一座埋入王陵区的王陵。

殷墟一期时，洹北商城被放弃。小屯村成为新的都邑中心，建起了若干宫殿和宗庙。当时的都邑规模不大，居民点散布在小屯村附近，其中有

中国社会科学院重大科研项目"殷墟布局研究"项目启动会（2010年）

商代的居址、道路、水渠发掘现场（2010年，刘家庄北地）

殷墟西部安阳钢铁公司厂区"空分"车间所在地发现的商代水渠（2005年）

属于王族的"邑"，也有属于非王族的"邑"。小屯村以外地区也有若干族邑。这一时期的小屯村北地，有可能还存在铸造青铜器的作坊。平民的墓葬以家族为单位埋藏。此阶段由于人口尚少，墓葬发现不多。

殷墟二期时，已经迁入的族邑继续发展，同时有更多的族氏从外地迁入。整个都邑的规模明显扩大。手工业生产进入繁荣期，道路系统和大型沟渠开始出现。洹北商城时期已有大墓埋入的王陵区继续使用。以家族为单位形成的墓地，即所谓"族墓地"大量分布在聚邑周围。

殷墟三、四期时，外地居民的迁入似有所减少，但已经存在的族邑规模迅速扩大，数量明显增加。整个殷墟的面积达到36平方公里。

自洹北商城至殷墟各时期，"邑"是构成都邑的最重要单元。墓地结构及出土铜器铭文研究表明，这种"邑"与"族"互为表里，故可称"族邑"。洹河流域的聚落存在都体现为超大型都邑与外围众多小型聚落共存，属典型的"一大带众小"的二元结构。

"殷墟布局研究"课题结项会议（2011年）

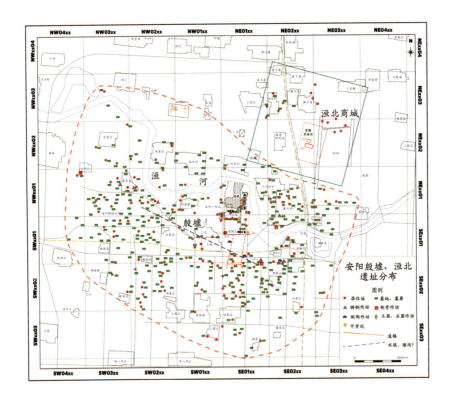

安阳殷墟遗址历年发掘点位置图（2011年）

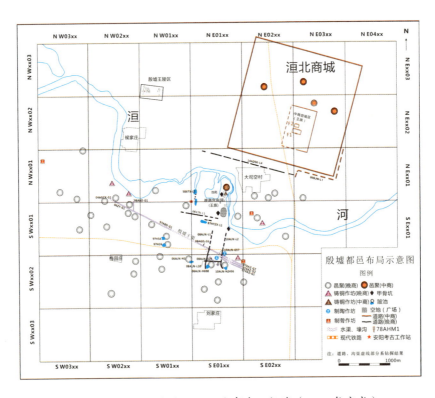

殷墟遗址形成的两个阶段：洹北商城—殷墟（2016年完成）

（5）陶器岩相学分析

对于殷墟和洹北商城出土陶器的研究，除传统的类型学分析外，安阳工作站还针对陶器的原料，进行岩相学考察。

从类型学角度，很容易观察到殷墟部分陶器具有鲁西南同时期陶器的特征。安阳考古队为此前往山东荷泽、曹县等地采集标本。岩相学分析结果表明：一部分殷墟早期陶器确实来源于鲁西南地区。这对于解决"盘庚迁殷"等重大历史问题有一定意义。

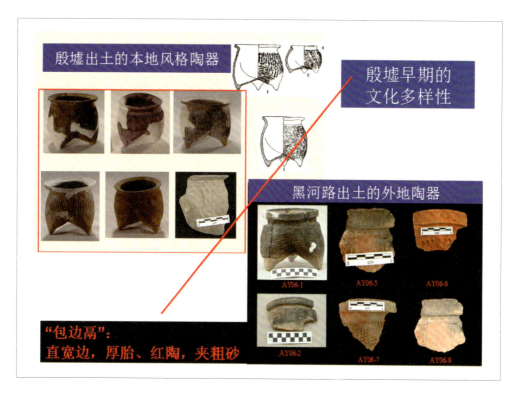

殷墟出土的本土风格陶器与具有鲁西南特征的陶器

安阳工作站成员在山东曹县青堌堆遗址采集陶片（左至右：荆志淳、潘建荣、唐际根）

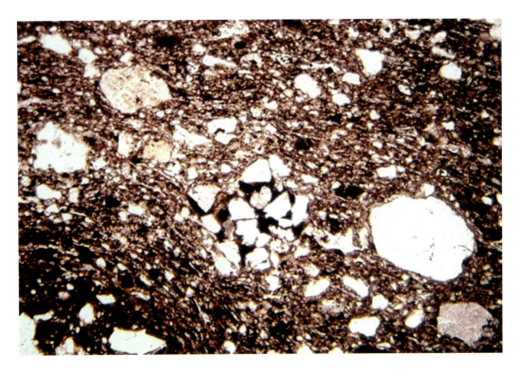

殷墟出土的具有鲁西南岩相学特征的陶片镜相（2006 年）

（6）锶同位素研究

殷墟发现的人骨、动物骨骼数量大，蕴藏着丰富的信息。

2001 年，安阳工作站开始酝酿利用锶同位素技术获取人骨中的人口流动信息。

经过多年积累，目前已获得比较丰富的人骨锶同位素数据。安阳工作站积累殷墟人骨锶同位素数据蕴含多个学术目的。目的之一是考察殷墟西北冈王陵区祭祀坑人骨与甲骨卜辞中"羌"的关系。2013 年，安阳工作站提出了"殷墟王陵区祭祀坑人骨与羌人的种族及文化"的课题，并获得国家社科基

殷墟王陵区祭祀坑中的锶同位素研究样本（2013 年，每坑埋有 10 名殉人）

金立项（重点项目）。为完成此项研究，安阳工作站成员前往陕西、甘肃等地采集古代人骨标本。

研究显示，殷墟王陵区祭祀坑中的人骨多与当时西北地区的人骨锶同位素水平相近。研究还显示，殷墟遗址形成之初，其人口来源呈现出"多样性"。这一结论对于解释殷墟的形成具有意义。

收集锶同位素研究
人牙标本（2013年）

殷墟的人骨牙齿标
本（2013年）

前往陕西采集锶同
位素人骨样本（2013
年，左至右：牛世山、
唐际根、荆志淳）

前往甘肃采集人骨标本供同位素研究（2013年，左至右：荆志淳、王辉、唐际根）

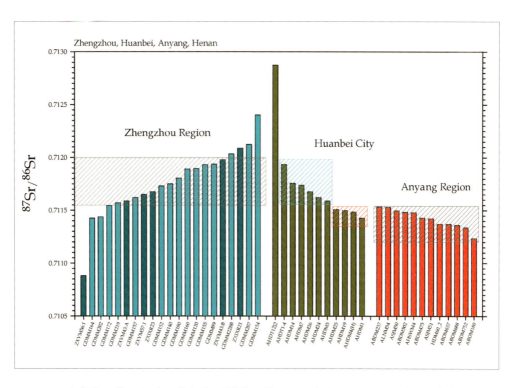

洹北商城人骨、殷墟人骨与郑州等地人骨锶同位素水平测试结果（2016年）

（7）人骨病理学研究

从病理学角度研究殷墟人骨，获得了许多新知识，例如商人的跪踞姿势、齿病、骨病等。

考古队员在研究殷墟人骨（2006年）

殷墟人骨整理（2011年，张桦）

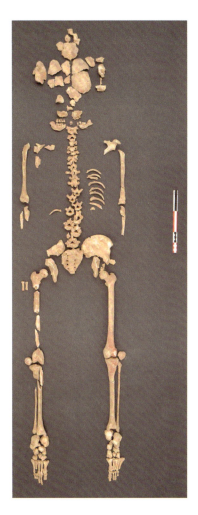

商人的牙齿标本（Dani 整理，2013 年）

整理出的殷墟人骨标本（Dani 整理，2013 年）

殷墟人骨的病变现象（Dani 整理，2013 年）

（8）社会组织研究

从考古学而非纯甲骨文角度研究殷墟背后的社会组织始于 20 世纪 70 年代末。80 年代后，越来越多的学者关注这一问题。通过聚落结构及墓地埋藏规律的研究，目前倾向于认为商代社会是以族为基本单位、高度社会分层的进入了王国阶段的社会，因而不能简单以"奴隶社会"来描述。

商代贵族生活示意图（2008 年绘制）

（9）手工业与器物研究

殷墟的手工业研究自 2013 年以后成为热点

① 制陶手工业与陶器

如果仅仅从制陶材料和成形以后的器物形态，岩相学和器物形态学即可涵盖全部的陶器研究。然而，岩相学和器物形态学并不能解决陶器制作工艺的问题。

为了解商代制陶工艺，安阳工作站从土壤的选取、淘洗、掺料、制胎、造型、纹饰、颜色控制等各个环节逐一研究，并通过实验模仿烧制。

考古队员在仿制商代白陶（2017 年）

考古队仿制的部分
商代白陶

考古队仿制的部分
商代陶器

商代陶器纹饰仿制
实验

考古队成员在自制的陶窑前合影（2010 年，前左至右：Mark Kenoyer；岳占伟，后左至右：荆志淳、王浩天、崔万祥、崔良生、牛世山）

② 铸铜手工业与铜器

商代青铜器研究同样有多种角度。形态学、纹饰学、铭文学等成绩显著。

青铜器铸造工艺的研究同样由来已久。2000~2003 年，安阳工作站在安阳钢铁公司厂区内发掘出大量铸铜陶范。这些陶范是从工艺角度研究青铜器铸造的重要材料。为利用好这些科研材料，安阳工作站在观察陶范、分析陶范的同时，还结合实验分析，以及铸造成品青铜器本身的研究，详细追踪青铜器的铸造工艺。青铜器铸造模仿实验，也是纳入研究中的重要手段。

商代手工业生产仿制（2016 年，荆志淳）

铜溶液从自制化铜炉中流出瞬间

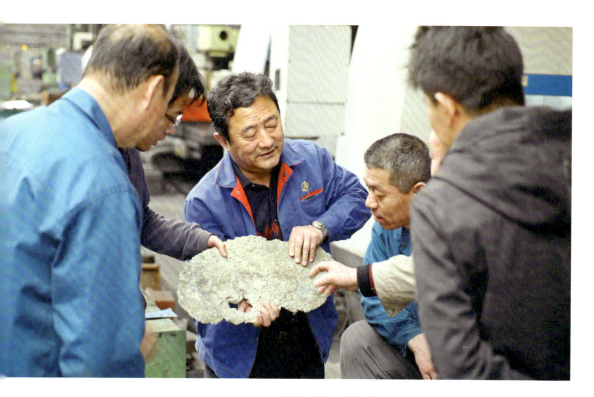

考古队员研究铅锭

③ 制骨手工业与骨器研究

安阳工作站在殷墟铁三路发掘中，获得大批晚商时期的骨骼资料。以此为契机，殷墟开展了大规模的动物骨骼研究。

殷墟动物骨骼整理（2011 年）

铁三路出土骨料整理团队核心成员（2000年，左至右：何毓灵、Rod Campebel、李志鹏）

④ 制玉手工业与玉器

安阳工作站近年获国家自然科学基金大联合装置立项"殷墟玉器的玉料来源、加工工艺与受沁机制"。该项目旨在借用同步辐射等现代设备，从原料来源、加工工艺、受沁机制等方面系统研究玉器。

殷墟玉器钻孔实验（2011年，徐天进、Mark Kenoyer、松丸道雄）

殷墟出土玉器料（2015年）

⑤ 建筑技术

殷墟发现大量晚商时期的建筑基址。洹北商城的柱网分布表明，当时的建筑墙体主要以"版筑"完成。安阳工作站为此进行过版筑墙体实验。

考古队模拟建商代"夯土木骨墙"（1997 年）

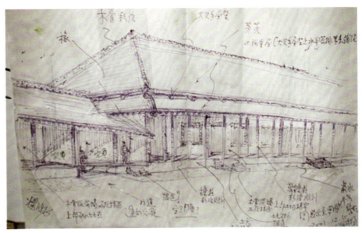

洹北商城一号基址复原手稿（杨鸿勋手稿，2000 年）

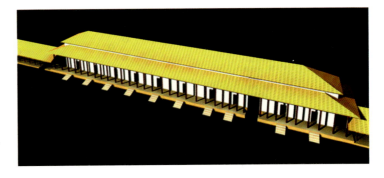

洹北一号基址复原（2010 年绘制）

⑥ 其他器物研究

出于理解商代器用的需要，安阳工作站还与其他学者开展了诸如弓箭制作和使用、海贝来源调查等方面的研究。

中日合作项目殷墟海贝研究（1998年，黑柱耐二、木下尚子）

弓箭使用和制作实验（2016年）

6. 遗址的保护与管理

20 世纪的大部分时间里，中国考古学几乎是纯粹的注重研究的学科。90 年代中期以后，考古学开始发生重大变化。最显著的变化是文化遗产概念的提出，以及随之所引发的发掘管理、遗址保护（可移动文物和不可移动文物保护）、文化遗产利用的变化。

1961 年殷墟被列入首批全国重点文物保护单位后，殷墟的保护范围维持在 1961 年公布的殷墟保护范围地图。遗址被分为"重点保护区"和"一般保护区"两个部分，采用不同的保护措施和管理办法。例如重点保护范围内原则上不允许占用，考古发掘通常只能在"一般保护范围"内进行。

1999 年，安阳市文物局测绘了一张地形图。反映了这一范围。

有趣的是，安阳市测绘的保护范围图刚刚公布，中国社会科学院考古研究所安阳工作站便发现了洹北商城。

洹北商城的发现，改变了殷墟的范围和概念。

殷墟的保护工作，包括立法、遗迹保护和可移动文物保护等内涵。

殷墟保护工作的具体实施是一项难度极大的工作。尽管遗址受到各级政府高度重视，但破坏遗址的事件和零星的盗墓活动屡禁不止。此外，土体遗迹、青铜器等其他文物，都面临着各种风险。2006 年殷墟申报世界文化遗产名录成功后，殷墟的保护工作形势转好，但到 2012 年前后，城镇化高压下的房地产业再次将殷墟保护工作推向深渊。

殷墟的保护工作需要学术界以及政府部门持续努力。

安阳市文物局测绘的殷墟保护范围地形图（1999 年）

考古队实施青铜器保护研究（1997年，李存信、刘煜）

殷墟遗迹整体搬迁现场（1998年）

考古队将新发掘的遗迹整体打包运回安阳工作站内（1998 年）

安阳市人民政府为保护殷墟设立的殷墟保护界桩（1999 年）

殷墟遗址遭受现代基建破
坏现场（2005 年）

安阳考古队成员在古墓盗
掘现场，地面孔洞为盗墓
贼所掘盗坑（2005 年，洹
北商城内。左：唐际根，中：
侯卫国，右：崔良生）

安阳考古队成员在古墓盗
掘现场，站立处为盗墓贼
所掘盗坑（2005 年，洹北
商城内，左至右：崔良生、
唐际根、岳洪彬）

建成后的殷墟遗址公园俯瞰（2005 年）

殷墟基迹的加固保护（2006 年）

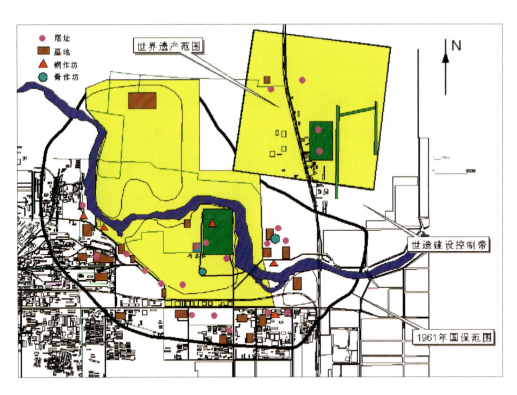

洹北商城发现后安阳工作站完成的考古发掘现状电子地图（2008 年）

复原的乙二十建筑基址塌陷情况（2009 年）

安阳工作站从考古发掘现场搬运回室内的各种遗迹（2010 年）

殷墟范围内居民点拆迁现场（2014 年）

殷墟九十年考古人与事（1928～2018）

河南殷墟遗址深陷保护困局 文保与民生面临矛盾

文化遗产保护的民生困局与媒体刊
发的殷墟保护文章

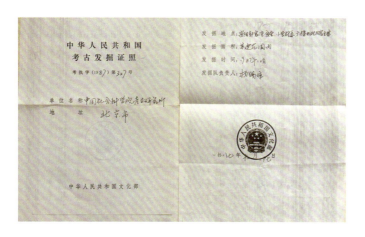

发掘执照（1987年）

发掘执照（1996年）

发掘执照（1997年）

发掘执照（1998年）

发掘执照（1999年）

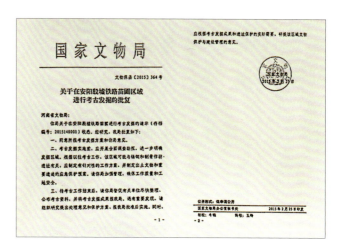

国家文物局关于在安阳殷墟铁路苗圃区域进行考古发掘的批复（2015年）

7. 公众考古

　　殷墟历史上影响最大的公众考古事件有两项：一是 2005 年司母戊鼎回归安阳；二是 2009 年与河南省文物局共同举办"实地版《中国历史》公众考古活动"。

　　除此之外，安阳工作站还与大量中外媒体合作，拍摄了相当一批介绍殷墟和商文明的电视片。

美国国家地理记者来安阳拍摄记录片（1997 年）

司母戊鼎回归安阳次日前来观看的人海(2005 年)

司母戊鼎故里展迎接仪式（2005年，靳绥东、常俭传）

司母戊鼎借展方安阳市领导签约（2005年，
朱明）

司母戊鼎借展担保方领导签约（2005年，
刘庆柱）

司母戊鼎回归安阳展览
期间吴培文与唐际根合
影（2005 年）

在殷墟发掘现场开展公
众考古活动（2009 年）

安阳工作站组织公众考
古活动期间安阳市政府
设酒会（2009 年）

8. 博物馆（苑）建设

1930 年，《大公报》便以相当篇幅连载《发掘殷墟之经过》的报道。发掘过程中，部分出土文物也曾向民众展出。1946 年，运至南京之后的司母戊鼎，也曾向部分人士展览过。蒋介石在马衡陪同下，亲自参观过这件大鼎。

20 世纪 50 年代恢复殷墟发掘后，特别是"文化大革命"期间，作为批判奴隶社会的鲜活教材，殷墟出土文物甚至考古发掘都曾向社会开放。部分工人农民被组织起来参观商代墓葬，以宣传奴隶社会的本质。

70 年代，安阳工作站设立了殷墟文物陈列室，将发掘品有限地面向社会开放。

"文革"结束后，殷墟的公共考古活动并未停止，而是换了另一种形式出现。1987 年安阳市在殷墟小屯宫殿宗庙区打造殷墟博物苑，将殷墟建成遗址博物馆。这是国内除半坡遗址博物馆、周口店遗址博物馆，以及秦始皇兵马俑博物馆等之后，比较早建成的遗址博物馆。

2005 年，中国社会科学院与安阳市政府合作，建成新的殷墟博物馆。

2009 年，安阳市政府利用殷墟的文字资源，建成中国文字博物馆，向公众开放至今。

殷墟文物对公众有着巨大的吸引力。早在 20 世纪 30 年代，当时的殷墟发掘团便多次将殷墟文物面向公众展出。70 年代，社会上也曾呼吁展出殷墟文物。殷墟申报世界文化遗产名录成功之后，安阳工作站曾多次按照不同主题将文物运至江西、湖南、四川、江苏、山东等地展览。

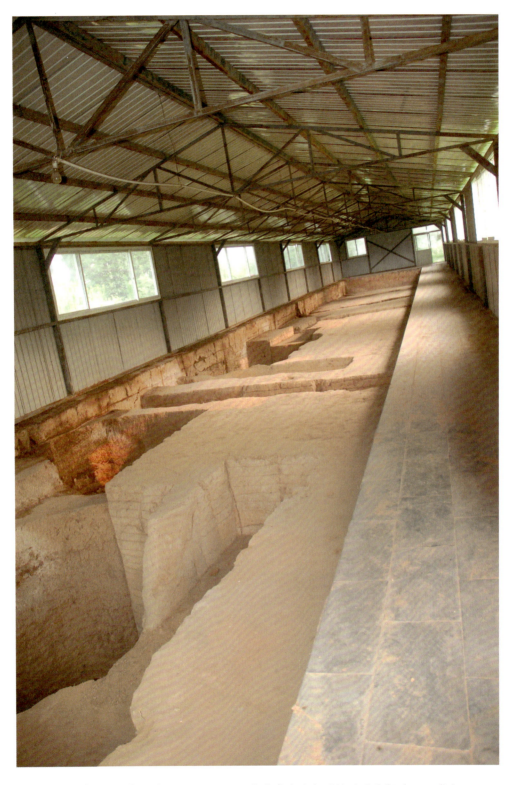

殷墟博物苑内复原展示的 20 世纪 30 年代考古发掘现场的再发掘（2004 年）

考古队成员参与殷墟博物馆设计（2005 年）

殷墟博物馆布展工作照
（2005 年）

殷墟博物馆布展期工作照
（2005 年；左至右：关键、
李晓阳、唐际根）

考古队员在殷墟博物馆布展期间连续工作 52 小时后（2005 年）

考古队员在殷墟博物馆布展期间工作（2005 年）

考古队员在殷墟博物馆布展期间（2005 年）

建成后的博物馆内景
（2005 年）

殷墟博物苑内复原的商
代建筑局部（2005 年）

殷墟博物苑内的"妇好"
塑像

殷墟博物馆开馆期间安阳市朱明副市长讲话

殷墟博物馆开馆（2005 年，左至右：刘庆柱、康国义、唐际根等）

殷墟博物馆开馆时的参观人流（2005 年）

殷墟博物馆"主题水院"甲骨文诗句：日在林中初入暮，风来水上自成文

考古队成员在中国文字博物馆建设过程中（2009 年，左至右：李志鹏、江雨德）

考古队成员为中国文字博物馆建设出力（2009 年，远端工作者为牛世山）

安阳殷墟文物外出展览时成都博物馆制作的"妇好"形象（2015 年）

安阳工作站内部陈列室（2016 年）

9．遗址保护立法及规划编制

编制科学的保护规划，提出可操作的保护理念，是长期有效地保护、利用遗址的基石。

文化遗产概念的提出，将考古学从传统的以科学研究为重点，导向了研究、保护、利用三者并重，改变了现代考古学的内容和结构。

现代理念下的文化遗产的保护，首先重视维护文化遗产的尊严。传统学术研究和文物保护仍然是第一位的，但与此同时，文化遗产研究要融入社会经济发展、文化遗产保护成果惠及民众。

殷墟推动了中国的大遗址保护工作。

2001 年，河南省人民代表大会常务委员会颁布《河南省安阳殷墟保护管理条例》。

2006 年，殷墟申报世界文化遗产获得成功，使得殷墟成为仅有的几处以地下遗存进入世界文化遗产名录的遗址之一。

2010 年，殷墟进入首批"国家考古遗址公园"名录。足见殷墟为中国古遗址的保护起到了十分正面的作用。

2012 年，完成《殷墟保护总体规划》的编制。

河南省安阳殷墟
保护管理条例

安阳市殷墟申报世界文化遗产委员会办公室印
二○○一年十月十五日

2001 年颁布的《河南省安阳殷墟保护管理条例》

2017 年开始编制《殷墟国家考古遗址公园规划》。

殷墟考古工作呈现的总体变化趋势是由早期的重发掘研究，到后期的发掘、研究、保护与利用并重，而殷墟的考古工业伴随着中国考古事业同步发展。

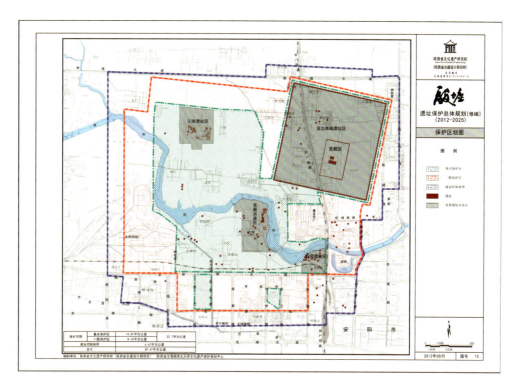

2012 年编制的《殷墟保护总体规划》之保护区划图

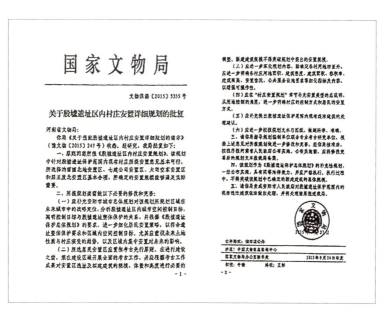

国家文物局关于殷墟遗址区内村庄安置详细规划的批复（2015 年）

10. 考古队的学习与生活

1994 年，安阳工作站在前院西部建成二层楼。1997 年，又在前院东部再建一栋二层楼。1998 年，西楼被安阳队改造成"殷墟陈列室"，用以内部展示殷墟的出土文物。

2004 年，安阳工作站将 1959 年建成的主楼原地改造，保留中部的三层主楼，翻盖东、西两翼。改造后的东、西两翼都建地下室作为库房。西部地面一层不作间隔用于整理标本；东部地面一层则间隔成图书室、会议室和宿舍。主楼的翻盖，大大改善了考古队的生活和学习条件。

此前的考古队生活，受条件所限相对比较单调。20 世纪 80 年代以前到安阳出差的考古队成员郑振香、陈志达、杨锡璋、杨宝成、刘一曼、李进、徐广德等，如在食堂用餐需要向食堂交粮票。当时安阳市电力不正常。夜晚常常靠点煤油灯照明。考古队的基本"娱乐活动"，据说是点上煤油灯，用玉米粒作筹码打牌。

90 年代后期，安阳队的成员逐渐完成了新老交替。考古队的装备也有了明显改善。照相机由海鸥 DF120 换成了美能达 X-700，并且添置了一辆汽车。电力基本正常后，安阳队还买了电视。娱乐生活略显丰富。1985 年加入安阳队的谷飞调回北京后，唐际根、郭鹏成为队内的"年轻人"。郭鹏调离考古研究所后,安阳队的研究队伍明显出现断层。所幸岳占伟、崔良生、何毓灵、刘忠伏、岳洪彬、牛世山、张坤等随后加入，承担起繁重的基建考古任务。

考古队员从事田野工作之余，大部分时间用于阅读和整理研究。食堂和图书室是大家最离不开的两个地方。

安阳工作站的图书室建于 1959 年，与工作站同龄。90 年代以前订有严格的借书制度。杨锡璋主持安阳工作站工作期间，进图书室要过两道门、开两道锁。所有图书均不得带出阅览室。90 年代中期以后，安阳工作站图书室才完全开放。

图书室收藏的图书主要是与殷墟和商研究相关的书籍和杂志。《考古》《文物》《考古学报》等专业刊物应有尽有。在京的考古研究所购买图书时，每有与殷墟研究相关的书，都会寄给安阳一份。图书室藏有两批捐赠图书：一批来自陈梦家，包括《铁云藏龟》《殷契萃编》《六同别录》等；另一批来自美国考古学家 George Rip Rapp，全部是英文书（唐际根留学英国期间也曾购买部分英文图书赠予安阳工作站）。图书馆不大，但利用率很高。工作站同仁的多数论文都是在安阳完成。

研究工作离不开学习。为提高全体员工的科研水平，特别是田野操作水平，2004 年，安阳工作站组织了一期员工培训。参加培训的除工作站全体员工外，还包括安阳市组织的文物钻探队。

安阳站的技师分新老两代。年长一些的技师中，屈光富、霍廷合、王浩义等长年人事田野发掘或文物修整，经验丰富。年轻一些的技师则掌握有新知识。

1997 年后，崔良生从洛阳来调来安阳，配合站内同仁，对站内环境进行了全面整治。重新规划了院内环境，修缮了食堂，设立了澡堂，清理了水井，还种植了杏、石榴、柿子、核桃、芒果等果树。为了营造气氛，唐际根从工作站早期物品中挑选了一幅毛泽东主席画像悬挂在餐厅。每有访者到食堂用餐，大家习惯问同一个问题："为什么考古队在食堂挂毛主席像？"而得到的答案则五花八门。有人说安阳队思念开国领袖；有人说文革记忆尚未走远；甚至有人说考古队挖古墓太多，需心理安慰。大家从不同的答案获得许多欢乐。

考古队成员与北大实习生合影（1997年，左至右：杜金鹏、高炜、张立东、杨锡璋、王学荣、
郑振香、郭鹏、刘忠伏、高立民、谢鹏、唐炜、何元洪、冯武勇）

殷墟发掘七十周年合影（1998年）

殷墟发掘七十周年学术纪念会期间与会代表参观殷墟（1998年，右一为俞伟超）

20世纪90年代中期考古队使用过的美能达 X-700 相机、COSINA-CT1 相机、美能达 50F1.4 镜头、美能达 2 倍镜、世光 L158 测光表

考古队使用的从美国购置的手铲

考古队用过的激光测距仪

考古队研讨时用过的幻灯机

陈梦家捐赠给安阳工作站图书 1

陈梦家捐赠给安阳工作站图书 2

郑振香、唐际根合影（2001 年）

考古队员在洹北商城发掘现场（2001 年，左至右：刘一曼、何毓灵）

安阳工作站组织员工培训（2004 年）

安阳工作站员工在接受培训（2004 年）

殷墟文化国际研讨会（2004 年，温哥华）

海峡两岸先后举行殷墟发掘纪念活动，时任中国社会科学院考古所所长王巍与安阳工作站唐际根前往台北参加纪念活动（2008年）

殷墟发掘纪念台北纪念会（2008年，左至右：前往参会的大陆学者杨宝成、陈星灿、刘绪）

大陆学者前往台北参加殷墟发掘八十周年学术纪念会（2008年，左至右：唐际根、苏荣誉、王巍、杨宝成、刘绪、陈星灿、岳洪彬）

安阳工作站大门（2008年）

考古队部分成员给支持殷墟研究的美国学者 George Rip Rapp 教授过生日（2010 年）

安阳工作站内景（2010 年）

安阳工作站院内主楼前（2010年）

大风过后的安阳工作站（2010年）

安阳工作站图书馆内景（2010 年）

安阳工作站图书室图书

安阳工作站图书室图书

东亚冶金考古会议（2012 年，刘煜、丹羽崇史、唐际根、白云翔等）

东亚古代青铜冶铸业论坛与会人员合影（2012 年）

考古队员在安阳工作站（2015年，左至右：岳洪彬、王浩义）

考古队炊事员在给大家准备午餐（2017年，苗娜）

考古队财务人员在整理安阳队账目（2017 年，杨霞）

考古队员接待大学生参观大司空东地发掘（2018 年，领队为牛世山）

考古队野外调查期间在安阳洪河屯乡辛正村住户午餐后合影（2000年，左至右：王震、应明、David Cohen、唐际根、户主常炳福、外籍学生、户主常素玲、李玲、常静华）

考古队员发掘商代马车（2017年，唐际根等）

考古队员在加固大司空
东纱厂路南大墓 M3 彩绘
（2017 年，汤永锋）

考古队绘制的"手铲下的大邑商"（2016 年）

负责后勤及安全保卫的部分成员在安阳工作站大门内合影（2017 年，左至右：侯贵成、霍廷合、曲文生、胡洪勇、梁成虎等）

11. 殷墟外围考古

殷墟外围，一般理解为国务院划定的殷墟保护范围以外的区域。

殷墟外围的考古工作，历史语言研究所在 20 世纪 30 年代，中国科学院考古研究所时期以及中国社会科学院考古研究所时期，均取得重要成果。

1986 年，安阳市文化局成立安阳市文物工作队。1987 年，安阳市文物工作队正式从安阳市博物馆分离出来独立办公。2007 年改名为安阳市文物考古研究所。

安阳市考古研究所以及前身安阳市文物工作队自 1986 年起，主要在殷墟外围进行考古调查与发掘。主要工作成果见以下内容。

20 世纪 90 年代前在安阳梅园庄南、郭家庄东南、戚家庄东等地发现商代墓葬、车马坑等。

2000 年以后，安阳市考古所又在徐家桥村北、郭家庄东南的文源绿岛、赛格金地发现商代墓葬和马车。

2016 年，安阳市文物考古研究所配合安阳市西北绕城高速公路建设，在安阳县辛店集西南发现一处商代晚期聚落和一处大型商代晚期铸铜遗址，该遗址距殷墟宫殿宗庙区直线距离约 10 公里。是首次在安阳市以北安阳县区域内发现的商代遗址，使研究商代时期活动区域又重新划定了界限。

安阳市文物考古研究所在殷墟外围清理出来的商代铜器

安阳市考古研究所科
研人员在研究商代建
筑遗迹（左至右：孔
德明、李贵昌、孟宪武）

安阳市考古研究所邀
请同行参观发掘现场
（中立穿白衬衫者为
安阳市考古所所长孔
德明）

安阳市文物考古研究
所在殷墟外围清理出
来的商代漆器

12. 叙斯心桥：两岸学者间的殷墟情结

本文原载于国家文物局编《承前启后温故知新：海峡两岸文物交流20年展览图录 纪念文集》（重庆出版社，2012）

2005年秋，我应邀到台南艺术大学客座，给该校艺术史系同学讲授考古课程。"南艺"是一所年轻学校，坐落在台南市官田乡的一座水库旁，风景非常秀丽。到校伊始，艺术史系黄翠梅主任将我安排在一条小河旁的一幢二层小楼居住。夜间沿河散步，总被河上的诸多小桥吸引。每座小桥都有一个别致的名字。其中一座红色砂岩小桥，玲珑精致。黄碧端校长说是当年南艺创始人汉宝德从大陆运来的古桥，桥名"叙斯"。再问为何名此，校长笑而不语。我抚桥思忖，却总有"子在川上曰，逝者如斯乎"的感叹。

2009年，曾任教美国多年，后回到台湾并担任台湾中研院院士的许倬云先生到访安阳。陪同过程中，许先生以其晚年力著《万古江河》相送。此时联想起"南艺"校园小河上那座别致的"叙斯桥"，感慨良多。多年来两岸文物考古界执着的交流意愿和不懈努力，不正是因为心中有座桥吗？

1986年，我进入中国社会科学院考古研究所（以下简称"考古所"）。数年之后便有缘与台湾学术界相交。我所经历的两岸交流，大都与另一考古机构，位于台北的中研院历史语言研究所（以下简称"史语所"）分不开。考古所与史语所如今隔海相望，有着深厚渊源。

1928年3月，中华民国中央研究院筹备委员会决定创建"历史语言研究所"，1928年7月筹备完成。同年10月，史语所即派考古组的董作宾前往殷墟，拉开了科学发掘殷墟的序幕。

殷墟位于河南安阳，是商王朝后期都邑。1899 年以来，殷墟所在的小屯村一带不断有刻有文字的甲骨出土。1928 年董作宾前往安阳发掘时，学术界对安阳殷墟已经有了初步认识。故殷墟发掘已被史语所视为其学术活动的重点工作。1928~1937 年十年间，史语所在殷墟共进行考古发掘 15 次，直到日本发动侵华战争，针对殷墟的田野工作才被迫中止。战争期间，史语所发掘所获殷墟文物随中央研究院迁往四川南溪李庄。1946 年抗战胜利后迁往南京，1948 年再迁台湾，并于 1954 年在台北南港安定下来。今天台北南港史语所文物陈列室所陈列的商代文物，几乎全部是当年在发掘殷墟时所获。

考古所原属中国科学院，成立于 1950 年。1979 年改隶中国社会科学院。考古所与史语所的渊源关系，体现在人员组成和工作内容两个方面。考古所的主要成员，如第一任所长尹达、副所长梁思永、夏鼐（后任所长），以及著名考古学家郭宝钧等，都是当年参加安阳殷墟考古发掘团的成员。1950 年考古所成立之初，郭宝钧即组织发掘团恢复了当年因日本侵华战争而中止的安阳殷墟发掘。1958 年，考古所成立专门负责殷墟考古发掘的考古队。1959 年，干脆成立"考古工作站"常驻安阳，长期延续当年由史语所开启的殷墟发掘。

1949 年的政治格局变化，使得史语所、考古所两个曾经以殷墟为重点研究对象的姊妹机构跨海相隔。位于台北的史语所掌握着 1928~1937 年间的殷墟发掘资料，北京的考古所则拥有 1950 年以来的殷墟发掘成果。就学术研究而言，史语所的资料非常重要。它包含殷墟宫殿宗庙区甲、乙、丙三组建筑以及一批铜器墓的完整资料，还包括殷墟西北冈王陵区全部四墓道大墓和大批祭祀坑中的文物。考古所的资料主要来自宫殿区、王陵区以外。由于发掘时间较晚，这些资料地层关系清楚，科研价值，特别是年代学价值优于史语所的资料。史语所资料更多地涉及商代王族，考古所的资料主要属于普通商代贵族和平民。因此无论从内容构成还是科研价值看，史语所和考古所的资料具有强烈的互补性。

史语所的李济、董作宾、石璋如、高去寻等到达台北后，即全力着手整理运台的殷墟文物。自50年代开始，该所逐年有正式的殷墟考古报告出版。1958年，史语所增设甲骨文研究室，近年又专设"安阳研究室"。殷墟资料的整理研究，一直是史语所的重中之重。

50年代考古所的主要领导人尹达、梁思永、夏鼐、郭宝钧等，都是当年殷墟考古的成员。他们对殷墟考古有着深厚感情。他们一面继续领导殷墟发掘，一边关注着史语所的殷墟资料整理。

1949年以后，史语所、考古所表面上中断了往来，但由于资料同源，研究者又是昔日旧友，两所之间一直间或有些联系。史语所编写的殷墟考古报告经台湾出版之后，不久便可在大陆考古所的图书室见到。台湾方面也极力搜求考古所的殷墟出版物。双方人员甚至还通过香港等渠道偶有通讯往来。但由于政治原因，两所间的官方联系的确被切断了。

两所学者间的面对面交流，直到30多年后才恢复。80年代初，祖籍台湾，后在耶鲁、哈佛执教的张光直在美国檀香山召开殷商考古学术研讨会。张光直特意邀请两岸考古学家。当年一同发掘殷墟的两岸学者，才有了当面问候的机会。

然而两所间的官方交流，是比较晚的事情，标志便是90年代初史语所的学术代表团访问北京。1990年以后，两所间的交流历经了从谨慎前行到昂首阔步的过程。1990年开始的"商丘项目"，便是两岸考古学界相互支持的最好例子。

商丘项目，是中国社会科学院考古研究所与美国哈佛大学合作课题"早商文明考古调查（Archaeological Investigation of the Early Shang Civilization）的简称。该项目旨在探讨商文化的源头。项目采取双主持人制。考古所的张长寿先生和哈佛大学的张光直先生分别代表己方主持课题。张光直认为从文献的角度看，豫东地区可能是商代王族发源地，故将该项目田野工作地点放在河南的商丘、虞城、柘城一带。我作为考古所的成员，参加了该项目 1994~1995 年的野外工作。据我所知，商丘项目无论是经费的获取上还是舆论上（特别是项目开始初期），都获得了史语所的多方面支持。

从某一角度说，商丘项目进展并不顺利。项目参加者的确没有在"早商文化来源"方面取得突破性进展。但如果抛开早商文化探源这一主题，该项目在豫东地区 3000 年以来的地貌变迁上，特别是宋国考古方面，取得了极其重要的成果。项目不仅找到了西周—春秋时期的宋国故城，而且发掘了宋国墓地。

如果说商丘项目是通过张光直这一特殊桥梁实施的两岸考古接触，那么两岸学者围绕殷墟的诸多考古活动，可以说是史语所、考古所之间真正意义上的交流。

这一交流，同样始于两岸学者间的那座心桥。

1995 年，我作为哈佛燕京学社的访问学者到哈佛大学研修。在波士顿的一年时间，我与张光直先生有过偶然餐叙、也有正式访谈。有一天，我扶着张光直先生在哈佛校园散步。话题自然转到殷墟。张光直先生谈到他的一个心愿：希望有朝一日分存海峡两岸的殷墟文物能够相聚一起，两岸的学者能够组成共同的课题组来研究殷墟文物。

张光直先生的心愿，当然也是大陆考古学者的心愿。在主持殷墟田野工作的过程中，我一直希望史语所、考古所的学者在资料上不必分彼此。1997 年，我与当时还在美国明时尼苏达大学的荆志淳先生合作，启动了"洹河流域区域考古调查"。两年之后，我们在1961年划定的传统殷墟保护范围的东北外缘发现洹北商城。这是殷墟考古工作突破性的考古发现，我深知在台湾的史语所的同仁急切希望了解这一新发现，故特意准备了一份资料，对洹北商城作了简单描述，连同一张洹北商城的实测平面图寄往史语所。当时石璋如先生健在。石先生见到我寄去的洹北商城资料极为兴奋，特地写了一封短信托人带到安阳，向我们表示祝贺。此事后来被美国作家 Peter Hessler 写进了他的顶文著作 Oracle Bones 一书中。Peter Hessler 对两岸考古学家之间分隔数十年后的这种交往大加赞赏。

作为殷墟田野工作的后继者，考古所同仁十分敬重石璋如。90年代后期，考古所刘一曼访问台北时曾特意拜访石璋如。史语所为此还特意安排了一场"安阳考古老少谈"的活动。

我本人一直期待与石璋如先生相见。1985年和1991年夏鼐和高去寻先生相继去世之后，石璋如先生是仅存的殷墟考古元老（北京的王湘先生仍然健在，但已经不再从事考古研究）。2003年，我受臧振华先生邀请，打算从伦敦前往台北参加环太平洋考古会议（IPAA），我原以为可以见到石先生，可惜由于当时台湾驻伦敦代表处不配合，没能去成台湾。2004年10月我再次去台湾时，石璋如先生已经谢世。带着巨大遗憾，我完成学术活动后，执意要去石先生的墓地敬献花圈。

2004年10月23日，正好是周六。史语所的陈光祖、李永迪以及安阳工作室的两位研究助理中美、淑丽一同来到石璋如先生墓葬所在地"北海福座"。李济也葬于此。我购买了花圈与花篮，郑重地向两位殷墟考古的前辈鞠躬致缅怀之意。石璋如先生的儿子石磊闻讯，十分激动和感慨，特意偕夫人赶到史语所，邀请共进早餐。

在大陆考古界，我算是赴台次数最多的学者之一。每次到台湾，都受到史语所同仁热情接待。2004 年赴台时，臧振华先生当时兼任"国立史前博物馆"的馆长。为了让我更多了解台湾本地考古情形，史语所的陈昭容先生特意陪我前往台东。臧先生亲自陪我参加了"史前博物馆"以及卑南文化和麒麟文化遗址。

1998 年是殷墟发掘 70 周年。考古所决定在安阳举行"殷墟科学发掘 70 周年学术纪念会"。时任中国社会科学院党委书记王忍之亲临致辞。台湾史语所专门派人来安阳参加了会议。十年之后，殷墟迎来科学发掘 80 周年。考古所决定再次召开纪念会。会议组织过程中，我获知史语所也准备组织类似庆典。双方沟通，决定两岸在分别开会。史语所的会议是 10 月 13 号召开的。之所以选择 13 号，是因为 1928 年这一天董作宾到达安阳，实施了首次殷墟发掘。考古所王巍所长亲自到台北参加这一纪念活动。我与安阳队的另一位同事岳洪彬各自向会议提交了一篇学术论文。我们的论文事先经过商量，都选定"殷墟布局研究"作为题目。希望能够通过论文向史语所的同事介绍殷墟考古工作在都邑布局方面的最新进展。这次会议上最引人注目的一件事是考古所王巍所长的发言。他作了"殷墟考古的几个问题"的演讲。强烈表达了对两所未来开展合作研究的希望。

考古所的会议是 10 月 30 号召开的。史语所副所长臧振华亲自参加会议，并作了"李济与殷墟发掘：一个学术史的透视与省思"的专题报告。这是我在安阳首次接待来自台北的重量级考古学家（张光直先生来安阳时，我还在北大念书，是杨锡璋先生接待的）。

史语所、考古所两岸学者除了互派学者参加学术会议外，还多次尝试实际合作研究计划。最早提出并着手组织两所合作是陈光祖先生。2000 年前，史语所完成了以殷墟文物为主体的"文物陈列室"，并且利用中央研究院计算机技术，率先完成了"数位典藏"工程。刚刚就任史语所考古门"召集人"的陈光祖想以此为基础，与考古所或考古所安阳工作站一道在网络实施"数位博物馆"（即数字博物馆）。为达成这一目的,陈光祖深入调研后,列出了详细的合作计划。然后派该所李永迪博士前往北京，与考古所领导讨论实施的可能性。他向考古所同行介绍了网络数位博物馆的合作模式和实施办法。很可惜，这一提议后来因种种原因未能实现。大家都为此感到十分遗憾。但殷墟作为两岸交流的"好题材、好平台"的意识，已经深入两岸学者心中。

无论是史语所还是考古所的学者，都未放弃合作研究的努力。2010 年我提出了两岸合作的一份新计划。在该计划中我将双方合作重点放在"布局"和"手工业"方面。该计划曾报请中国社会科学院主管部门，并与史语所进行过沟通。史语所也一直在为两岸合作努力。有一天,陈光祖给我打电话，告知蒋经国基金会计划支持殷墟研究。他询问考古所是否会同意两岸先就手工业中的骨器生产展开研究，希望我请示考古所。最终考古所同意该项合作。

以殷墟制骨工业为对象的研究虽然是个小课题，但两岸的合作总算有了开始。2011 年我再次访问台北时，臧振华先生再次与我谈起深化殷墟合作的问题。陈光祖则希望进一步扩大合作内涵。2011 年夏天，陈光祖专程来到安阳，带来了一份他拟好的比较容易实施的合作方案。他希望利用现代科学技术研究商代青铜器的锈蚀原理和殷墟玉料的来源。具体方案是在殷墟找到合适的土壤，将同样配比的现代青铜埋入地下，若干年后取出，以观察青铜的锈蚀变化。为研究殷墟玉料的来源，陈光祖又专程去了南阳，以实地考察殷墟发现的玉石器是否有所谓的"南阳玉"。我与陈光祖商量，认为将来时机合适时可以尝试开展立足于殷墟的"考古地质资源调查"，对殷墟出土文物的原料来源作一次比较全面的野外调研。目前这几种研究计划都还未能实施。有的是手续问题，有的是经费问题。但两岸学者期待围绕殷墟展开学术合作的心情越来越强烈。

两岸学者围绕殷墟合作，最成功的要算今年10月在台北故宫开幕的大型文物展览"殷商王·后：武丁与妇好"。

武丁是商王朝第23位国王，也是商王朝后期最重要的一位统治者。商王朝在他的统治时期，国势强大、社会稳定，史有"武丁中兴"之称。武丁的众多配偶中有一位极为出色。她名叫妇好。妇好生前曾经率兵征讨、主持祭祀。武丁死后葬在了西北冈王陵区，武丁墓早在20世纪30年代就被史语所的学者发掘出来，文物已于1948年底和1949年初运往台湾，现存史语所。妇好墓位于殷墟宫殿宗庙区，1976年被考古所发掘出土。妇好墓保存完好，墓中文物仅青铜礼器即达到200余件，玉器达750余年，蔚为壮观。妇好墓文物现收藏在北京的考古所、国家博物馆以及河南博物院等三家单位。武丁墓与妇好墓文物如能集中展览，不仅是文物考古界的大事，也是武丁、妇好3000年后的"夫妻团聚"。如能实施，甚至可以直接称之"夫妻团聚一家人"。

早在1996年，河南博物院田凯首次向我提出将妇好墓文物集中向社会展出的设想。此想法与我不谋而合。殷墟申报世界文化遗产成功以后，殷墟所在的安阳市掀起宣传殷墟的热潮。2009年，安阳市殷都区邀请台湾著名舞蹈家陈美娥所率"汉唐乐府"排演出南音剧目"武丁与妇好"。该剧的表演受到文化部领导的重视，曾受邀在北京太庙演出。剧目排演过程中，陈美娥多次与我讨论布景、服饰。2010年，陈美娥邀请我与北京大学文化产业学院的向勇副院长，以及台湾清华大学的王秋贵先生一起讨论该剧赴美、台演出事宜。会上我重新提出集中妇好墓文物办展览的想法。考虑到陈美娥所表演的是武丁与妇好，建议如果配合演出办展览，展品未必局限于妇好墓，最好将已经运往台湾史语所的殷墟王陵文物一并展出。这一想法受到陈美娥的高度重视，表示回台湾后将积极运作此事。

台湾方面的协调很快便有了效果。2011年我再度访问台湾，王秋贵先生突然找到我，告诉我故宫博物院想请我前往议事。到达故宫时，接待我的是故宫陈列处的蔡美芬处长和吴晓昀博士。她们告诉我，故宫想与考古所合作，做一个关于妇好墓的展览。返回北京之后，我向考古所汇报了台北故宫的提议。时隔不久，史语所的陈光祖又专程来到大陆与有关方面接触，并与陈美娥及我本人一道拜访了国家博物馆吕璋生馆长。陈光祖回台北后，将情况向故宫作了陈述。故宫方面随即通过国家文物局文物交流中心正式向国家文物局提出的举办"武丁与妇好"展览的申请，同时与考古所进行官方接触。双方商定以目前考古所在成都的临时展览"殷墟秘宝"为基础，纳入台北史语所王陵大墓的有关文物，调整结构，设计新的"殷商王·后：武丁与妇好"展览。2012年初，台北故宫的蔡美芬、吴晓昀专程到成都考察"殷墟秘宝"展。随后又到安阳，调研了其他相关文物。"殷商王·后：武丁与妇好"的展览正式进入轨道。双方商定，2012年10月向社会正式推出该展览。

正当台北故宫、史语所以及北京考古所等单位紧锣密鼓地准备展览的时候，台北、北京也想尽各种办法对展览作前期宣传。2012年3月23～25日，汉唐乐府编导的以妇好与武丁爱情为主线的南音剧目"殷商王·后：武丁与妇好"在台北演出。5月18～19两日，该剧组又移师北京，在国家大剧院演出了同一剧目。为配合该宣传活动，我与中国殷商文化学会商定，在演出的前一日，在欧美同学会召开"妇好墓发掘与殷商研究：《殷商王·后：武丁与妇好》"座谈会。

经过多方努力，在国家文物局、中华文化总会、中国社会科学院等单位的支持下，2012 年 10 月，展览如期开幕。

我所经历的两岸交流活动中，还有许多难以忘怀的人和事。2005 年在台南艺术大学任客座教授期间，史语所藏振华和李匡悌两位先生正在台南科技园主持基建考古工作（台湾考古界简称"南科考古"）。他们得知我在台南，特意邀请我参观他们的工地。李匡悌专程从台北赶来，驱车将我带到正在发掘中的考古工地。在工地中我注意到两岸田野考古工作的一些细微区别。例如，南科工地的探方都是 2 米见方的小探方，所有墓葬中的人骨都以"灌胶"的方式带回驻地研究。印象最深的是南科工地照相时使用活动式编号背板。当时大陆对编号背板不讲究。活动式编号背板十分灵便。匡悌兄见我对活动式背板感兴趣，当即找来两套送给我。

1998 年，我为"殷墟发掘 70 周年学术纪念会"筹备安阳工作站的文物陈列室。这期间我希望从台北史语所得到史语所前辈在 30 年代的考古发掘照片，以及 50 年代以来史语所有关殷墟的出版物。我与史语所联系后，全都得到回应。当时尚健在的石璋如先生，亲自给我寄来了他当年发掘殷墟时的一张正在给工地摄影的照片。史语所又以该所全套侯家庄发掘报告相赠。

殷墟考古前辈对殷墟的关注与支持还影响到他们的后人。

2005 年，殷墟申报世界文化遗产进入关键时刻。为展示殷墟作为世界级文化遗产的价值，并同时解读遗址的内涵，中国社会科学院以及安阳市人民政府决定筹建殷墟博物馆。我参与了博物馆设计，提出在博物馆入口设计"主题水院"。我从近千首近世"甲骨文书法"作品中，挑选出董作宾先生用甲骨文写就的两句短诗。诗文曰："日在林中初入暮，风来水上自成文"。我拟从太行山找来青石，拼砌成龟甲形状，然后将此两句诗文刻于其上，涂上朱漆，再沉入深约 30 厘米的水中，造成"太阳刚刚照进树梢，时光进入黄昏，一阵清风吹过，甲骨文诞生的洹河河畔"的效果。但"日在林中初入暮、风来水上自成文"两句系董作宾早年所作。董先生已经去世。将两句诗文刻在博物馆入口处，需要征得董先生后人同意。通过安阳市文联主席张坚，我与董作宾先生的儿子董玉京和董海取得联系。他们闻知我的想法非常支持，很快从台北专门寄来董作宾先生两句诗文的原迹放大照片。

如今，这两句诗文即镌刻在殷墟博物馆的主题水院中，每天为游客颂读，成为安阳殷墟的一道风景。

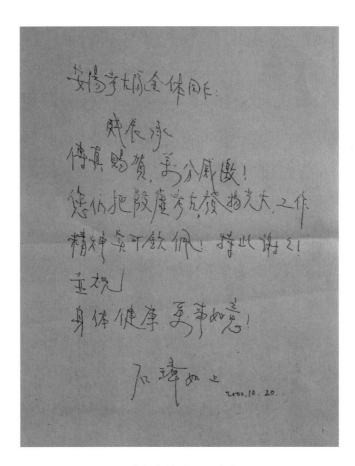

石璋如来信（2000年）

两岸殷墟研究人员合影（2004年，台东史前馆；左至右：李永迪、唐际根、臧振华、陈昭容）

历史语言研究所外景（2005年，台北）

历史语言研究所内的
安阳工作室（2005年）

历史语言研究所内
的安阳工作室（2005
年，左至右：李永迪、
唐际根）

历史语言研究所安阳
工作室（2005年）

两岸殷墟研究人员在台北祭奠石璋如先生（2005年，左至右：陈光祖、唐际根、李永迪）

两岸殷墟研究人员在台北祭奠李济先生（2005年）

许倬云先生偕夫人访问安阳（2007年）

海峡两岸先后举行殷墟发掘纪念会（2008年，左至右：李恩玮、唐际根、曹定云、刘一曼、郑振香、徐广德）

史语所安阳工作室合影（2008年，左至右：唐际根、李永迪）

13. 殷墟列入世界文化遗产名录

1985 年，中国政府正式加入《保护世界自然与文化遗产公约》。从 1998 年动议，经多年准备，2006 年中国政府向联合国提出申请将殷墟列入"世界文化遗产名录"并获得成功。

殷墟之所以列入世界文化遗产名录，是由于它具有无可争议的突出的普遍价值。

（1）殷墟作为晚商都邑遗址，它的文化遗存，特别是其甲骨卜辞的某些内容，可与文献中的商王朝相联系，证实了文献中只有零星记录的商王朝的存在。并由此使《史记·殷本纪》等文献所载内容成为信史。对 20 世纪初期以来，中国学术界在历史研究中盛行的疑古之风作了正面回应。随着商王朝的存在被考古学证实，中国学术界得以展开有关文献记载中的"夏王朝"的探索。因此殷墟的发现对中国历史学研究产生了巨大的动力。

（2）殷墟是中国考古学史的缩影。殷墟是中国所有古遗址中发掘时间最长、积累经验最丰富的遗址。发掘殷墟时所创造的许多方法被带到各地，并在考古工作中应用。殷墟也被许多学者称为"中国考古学家的摇篮"。从殷墟走过的路程中，我们可以看到中国考古学从初创到成熟，不断获得发展的进程。

（3）殷墟所展示的一些文化现象是中国历史上某一时段中的独有现象，今天已不复存在。此类文化现象首先可以提到的是商代大规模的杀人祭祀现象。仅殷墟王陵区，现已探明的以人为牺牲的祭祀坑就达 2000 余座，总人数在 10000 人以上。虽然在其他国家和地区的古遗址中也发现过杀人祭祀遗迹，但杀殉万人以上的祭祀场所，为中国商代社会所独见。

（4）殷墟所展示的高度发达的物质文明和创造文明成果的技术手段也是独有的。最典型的例子是块范法青铜器铸造技术。正是这种技术，铸造了包括重达 875 千克的司母戊鼎在内的不少巨型青铜器。

（5）殷墟甲骨文是世界三大最古老的文字体系之一。它不仅证明古老的汉字是独立起源的，还提供了中国古代独立的文字造字法则。这种文字对 3000 年以来的中国文化产生了根本性的影响。十余亿中国人今天所使用的汉字即源自甲骨文。

（6）考古遗迹表明，商王朝时期是中国某些重要制度的转型时期。其中包括中国过去 3000 年以来城市布局的中轴线制度，也包括中国历史上沿用过数千年之久，今天仍然为许多地区的老百姓所喜爱的"四合院"式建筑式样。

（7）商文明是世界几个主要早期文明之一。殷墟文化代表了中国商文明乃至整个中国青铜时代的鼎盛时期。

殷墟申报世界文化遗产前夕整治之后的王陵区（2005 年，由西北向东南拍摄）

殷墟申报世界文化遗产前夕整治之后的宫殿宗庙区（2005 年，由西南向东北拍摄）

世界文化遗产评估专家考察殷墟宫殿宗庙遗址（2005 年，左至右：唐际根、郭旃、金秉模、常俭传、金英熙、李阳生、陈爱兰）

庆祝殷墟申报"世界文化遗产"成功座谈会（2006年，左至右：孙英民、常俭传、朱明、陈爱兰、刘庆柱、王巍、柴晓明）

殷墟申报"世界文化遗产"成功座谈会（2006年，朱明、陈爱兰、刘庆柱、王巍）

瑞典考古代表团访问
殷墟（2006年）

加拿大驻华大使罗岚
（Robert G.Wright）访
问安阳（2007年，左
至右：荆志淳、陈星灿、
大使夫妇、唐际根）

外国客人访问安阳
（2007年）

加拿大驻华大使罗岚
（Robert G.Wright）
在安阳工作站题字留
念（2007年）

韩国学者参加殷墟发
掘纪念会（2008年，
左至右：金秉模、常
俭传、段振美）

申报世界文化遗产时
期时任安阳市文化局
局长李阳生向来宾介
绍殷墟（2008年）

附录

安阳工作生活过的著名考古学家

自 1928~1937 年，中国官方在安阳组织了十五次科学发掘。当时的中国考古学界，几乎所有专业人员都参与过殷墟的发掘。

中日战争后，殷墟的发掘短暂停顿。1950 年，中国科学院重新启动了安阳殷墟的发掘。1918 年以后，殷墟的科学发掘几乎未曾中断。在考古学家眼中，安阳殷墟已经成为中国考古学的"圣地"。他们以来安阳参观访问为荣。

长期的不间断的发掘，不仅向中国考古学中的商研究提供了系统的科研资料，中国考古学的技术与方法也在此得到系统的使用和检验。安阳还成为诸多新方法、新技术的开发地、试验场。历代考古学家都在安阳得到锻炼。成批学者从安阳走出，成为考古大家。今选其中 6 位简介如下。

董作宾（1895.3.20~1963.11.23）

中国甲骨学家、古史学家。字彦堂，号平庐。河南南阳人。卒于台湾。

1923~1924 年在北京大学研究所国学门当研究生。1928 年任中央研究院历史语言研究所编辑员，后改任研究员，曾多次参加该所的殷墟发掘工作。1949 年随所迁往台湾。曾任历史语言研究所所长、香港大学东方文化研究院研究员和台湾大学教授。主要著作有《甲骨文断代研究例》（1933，收入《庆祝蔡元培先生六十五岁论文集》上册）、《殷历谱》（1945）、《西周年历谱》（1952，台北中研院历史语言研究所集刊 23 本下册）、《甲骨学五十年》（1955，后由严一萍改编为《甲骨学六十年》）、《中国年历总谱》（1959）等。

　　董作宾是中华人民共和国建立前历史语言研究所发掘殷墟所得的大量甲骨文的主要整理者。他第一个发现殷墟甲骨卜辞中记"贞人"之名的现象（董氏把为商王等卜问的人称作贞人），并根据卜辞中所记的商王对先人的称呼、贞人之名以及卜辞字形、书体等方面的特点，进行综合研究，以划分卜辞的时代，建立了甲骨文断代研究的学说。殷墟甲骨文存在的时间前后200余年，董作宾划分为5期：武丁以前为第1期，祖庚、祖甲为第2期，廪辛、康丁为第3期，武乙、文丁为第4期，帝乙、帝辛为第5期。后来董氏又提出了分派的说法，作为分期学说的补充。他根据甲骨卜辞所反映的礼制，把祖庚以前诸王和武乙、文丁划入旧派，其他诸王划入新派。董氏的断代学说，对甲骨文研究水平的提高起了很大的促进作用。但是他的那些具体结论并非完全正确，后来的研究者已经提出了不同的意见。董氏还从"新派"的祭祀卜辞里整理出了商王按照严格规定的日程逐个祭祀先王先妣的"五种祀典"（后来的研究者或称为"周祭"）。这也是对甲骨学的一个比较重要的贡献。

李　济（1896.7.12~1979.8.1）

　　中国最早独立进行田野考古工作的学者。字济之。湖北钟祥人。卒于台湾省台北市。1918年毕业于清华学堂，随即被派往美国留学。曾在麻省克拉克大学学习心理学和社会学专业，1920年进哈佛大学转入人类学专业，1923年获哲学博士学位。归国后在南开大学任教。1924年开始从事田野考古，赴河南新郑对春秋铜器出土地点进行调查清理。1925年任清华学校国学研究院人类学讲师。1926年发掘山西夏县西阴村遗址，这是中国学者第一次自行主持的考古发掘。1929年初应聘为中央研究院历史语言研究所考古组主任。李济重视田野调查发掘，注意发现和培养田野考古人才，这使他所领导的安阳殷墟等项发掘逐渐走上科学的轨道，也造就了中国第一批田野工作水平较高的考古学家。1938年被英国皇家人类学会推选为名誉会员。1946年曾以专家身份参加中国政府驻日代表团的工作，使战时被日本侵略军劫掠的古代文物回归祖国。1948年被中央研究院推选为第一届院士。1949~1950年，曾兼任台湾大学教授，并主办考古人类学系。1955~1972年，任台湾"中央研究院"历史语言研究所所长等职。

学术上的主要成就是以殷墟发掘资料为中心，进行专题和综合研究，其中花费精力最大的是对殷墟陶器和青铜器的系统研究。著有《殷墟器物甲编：陶器》上辑（1956）。在与他人合著的《古器物研究专刊》第1~5本（1964~1972）中，对殷墟发掘所获170件青铜容器进行全面探讨。其他论著中中文的有《西阴村史前遗存》（1927）、《李济考古学论文集》（1977）等，英文的有《中国民族的起源》（1923）、《中国文明的起源》（1957）和《安阳》（1977）等。

梁思永（1904.11.13~1954.4.2）

中国考古学家，梁启超的次子，广东新会人。生于日本横滨，卒于北京。1923年毕业于清华学校留美预备班，随后去美国哈佛大学研究院攻读考古学和人类学，1930年获硕士学位。归国后在中央研究院历史语言研究所考古组工作，对中国田野考古走上科学的轨道起了积极的推进作用。先后主持和参加的重要发掘有：新石器时代的昂昂溪遗址；城子崖遗址和两城镇遗址；安阳殷墟和侯家庄商王陵区以及后冈遗址等。从40年代初期起，因肺结核症加剧，长期休养。1949年中华人民共和国建立后。被任命为中国科学院考古研究所（1977年后为中国社会科学院考古研究所）副所长，为研究所的建立和考古事业的发展做出了贡献。

主要学术成就是，通过后冈遗址的发掘，第一次从地层学上判定仰韶文化、龙山文化和商文化的相对年代关系，解决了中国考古学上的这一关键性问题。他在侯家庄商王陵区主持了中国考古学史上少有的大规模发掘，发掘 10 座大型陵墓和上千座人牲祭祀坑。1930 年用英文发表的《山西西阴村史前遗址的新石器时代的陶器》一文，是中国国内对仰韶文化认真进行比较研究的第一篇论著。他最早对龙山文化作综合性论述，通过对龙山文化的面貌和特征的初步概括，预见到龙山文化将能划分为不同的区域类型；并探讨了龙山文化和商文化的密切关系。他主持编写的《城子崖》（1934），是中国第一部田野考古报告；单篇论文汇编为《梁思永考古论文集》（1959）。未完稿的侯家庄商王陵区发掘报告，由高去寻辑补为《侯家庄》一书多册，在台湾陆续出版。

尹　达（1906~1983.7.1）

中国历史学家考古学家。原名刘耀，字照林，义名刘虚谷。河南省滑县人。卒于北京。1932 年由河南入学毕业后，到中央研究院历史语言研究所考古组工作。抗日战争爆发后，于 1938 年赴延安参加革命，同年 4 月加入中国共产党。曾在陕北公学任教，后在马列学院研究部等处工作。中华人民共和国建立初期，曾任中国人民大学研究部副部长和北京大学副教务长。1953 年任中国科学院历史研究所副所长，1954 年兼任考古研究所（1977 年后为中国社会科学院考古研究所）副所长，1959~1962 年兼任考古所所长。从 1955 年起，担任中国科学院哲学社会科学部学部委员会常务委员。曾主编《历史研究》杂志，参与主持中国历史博物馆的建馆工作，具体组织郭沫若主编的《中国史稿》一书的编写工作。1979 年、1983 年，被推选为中国考古学会第一、第二届理事会副理事长。1980 年被选为中国史学会常务理事。1983 年初又任文化部国家文物委员会委员。还曾当选为第一、第二、第三届全国人民代表人会代表，中国人民政治协商会议第五、第六届全国委员会委员。

尹达 1931 年在河南大学学习期间即参加河南安阳小屯村和后冈遗址的考古发掘。后又参加安阳侯家庄南地遗址、侯家庄商王陵区，浚县的辛村卫国墓地、大赉店遗址以及山东日照两城镇遗址等项重要的考古发掘。主要学术成就是，第一次详细论证了 J.G. 安特生在中国新石器时代分期问题上的不正确观点。在延安工作期间撰写《中国原始社会》一书，后该书的一部分被修订为《中国新石器时代》，1955 年出版；1979 年再版时，改为《新石器时代》。

夏 鼐（1910.2.7~1985.6.19）

中国考古学家，字作铭，浙江温州人。1934 年毕业丁清华大学历史系，获文学士学位。1935~1939 年在英国伦敦大学留学，获该校埃及考古学博士学位。

1935 年春夏鼐参加安阳殷墟发掘。1945 年，夏鼐通过甘肃省宁定阳洼湾齐家文化墓葬的发掘，确认仰韶文化的年代比齐家文化为早，发表《齐家期墓葬的新发现及其年代的改订》一文，纠正瑞典学者 J.G. 安特生关于甘肃新石器时代文化的分期，为建立黄河流域有关新石器时代文化正确的年代序列打下基础。1950 年参加河南辉县的发掘，第一次在安阳以外发现比安阳殷墟更早的商代遗迹，扩大了对商代的认识。1977 年，利用中国科学院考古研究所实验室测定的大量的放射性碳素断代年代数据，写成《碳 –14 测定年代和中国史前考古学》一文。对中国各地新石器时代文化的年代序列作全面、系统的研究，得出相当可靠的结论。

著有《考古学论文集》（1961）、《考古学与科技史》（1979）、《中国考古学研究》（日文版，1980）、《中国文明的起源》（日文版，1984）、Jade and Silk of Han China（英文版，1984）《夏鼐考古日记》，参与制定《文物保护管理暂行条例》（1961）、《中华人民共和国文物保护法》（1982）等多项法规等。

郭宝钧（1893~1971.11.1）

中国考古学家。字子衡。生于河南南阳，卒于北京。1922年毕业于北京师范大学国文系。1928年以河南省教育厅代表身份，参加中央研究院历史语言研究所在安阳殷墟进行的第一次发掘，后即任该所研究员。中华人民共和国建立后，任中国科学院考古研究所（后改为中国社会科学院考古研究所）研究员，又曾在北京大学历史系任教，1959年兼任中国历史博物馆特约研究员。1964年被选为全国政协委员。

郭宝钧毕生从事商周时代的考古研究。他参加和主持的重要发掘有山东历城城子崖遗址，河南浚县辛村卫国墓地、汲县（今卫辉市）山彪镇和辉县琉璃阁战国墓葬、安阳武官村大墓、辉县固围村大墓、郑州二里岗遗址、洛阳东周城遗址和汉河南县城遗址等。他还较早注意从考古资料出发，结合历史文献，深入考察两周时期的埋葬制度、特别是礼器制度的发展变化，首先提出列鼎问题；对商周铜器群、青铜武器、车制和玉器的综合研究做出积极贡献。主要著作有《山彪镇与琉璃阁》（1959）《浚县辛村》（1964）、《中国青铜器时代》（1963）、《商周铜器群综合研究》（1981）等，以及《戈戟余论》、《古玉新铨》、《殷周的青铜武器》等多篇论文。

后 记

　　殷墟发掘分为 1928~1937 年间的前十年和 1950 年以来的后七十年两大阶段（1937~1949 年殷墟发掘停顿）。前十年的工作主要由当时的历史语言研究所主持，后七十年则主要由中国社会科学院考古研究所主持。

　　此前，历史语言研究所先后出版了《殷墟发掘照片选辑 (1928~1937)》和《殷墟发掘员工传》。两书将前十年殷墟发掘的人和事做了生动描述。本书的出版，可视为对殷墟发掘工作的另一视角的总结。

　　编撰本书的目的，系以图片而非以文字为主来叙述殷墟发掘史。长期以来，学术界关注最多的是前十年的殷墟早期发掘。本书相对侧重于 1950 年以后的殷墟人和事，考虑到殷墟发掘的完整性，本书对 1950 年以前具有考古史意义的人物与故事并未删节，但文字从简，照片酌减。

　　本书编撰过程中，我的博士研究生盛伟，硕士研究生钟灿灿、吴健聪参与了部分工作，在此致谢！

唐际根

图书在版编目（CIP）数据

殷墟九十年考古人与事：1928-2018 / 唐际根，巩
文主编 . -- 北京：社会科学文献出版社，2018.10（2023.1重印）
（发现殷墟丛书）
ISBN 978-7-5201-3427-9

Ⅰ . ①殷… Ⅱ . ①唐… ②巩… Ⅲ . ①都城（遗址）–
考古发掘–安阳–商代 Ⅳ . ① K878.35

中国版本图书馆 CIP 数据核字 (2018) 第 207658 号

发现殷墟丛书
殷墟九十年考古人与事（1928~2018）

丛书主编 / 陈星灿　唐际根
主　　编 / 唐际根　巩　文

出 版 人 / 王利民
项目统筹 / 周　丽　高　雁
责任编辑 / 宋淑洁　李　淼
责任印制 / 王京美

出　　版 / 社会科学文献出版社（010）59367143
　　　　　　地址：北京市北三环中路甲 29 号院华龙大厦　邮编：100029
　　　　　　网址：http://www.ssap.com.cn
发　　行 / 社会科学文献出版社（010）59367028
印　　装 / 北京盛通印刷股份有限公司

规　　格 / 开 本：787mm×1092mm　1/16
　　　　　　印 张：16.25　字 数：268 千字
版　　次 / 2018 年 10 月第 1 版　2023 年 1 月第 2 次印刷
书　　号 / ISBN 978-7-5201-3427-9
定　　价 / 198.00 元

读者服务电话：4008918866